폴 틸리히

사랑, 힘, 그리고 정의

시리우스 총서 06 SIRIUS BOOKS

폴 틸리히의 존재의 의미에 대한 윤리적 성찰

시리우스(Sirius) 총서

시리우스(Sirius)는 새해 첫 날 태양보다 먼저 떠서 태양을 인도하는 밝은 별입니다. 그래서 고대 이집트에서는 태양력의 기준으로 삼는 항성(恒星)이 되었습니다. 이 역할을 한들 시리우스(Sirius) 총서를 통해 독자들과 함께 만들어 가겠습니다.

LOVE, POWER, AND JUSTICE: Ontological Analyses and Ethical Applications, First Edition was originally published in English in 1954. This translation is published by arrangement with Oxford University Press.

SEESAW BOOKS is solely responsible for this translation from the original work and Oxford University Press shall have no liability for any errors, omissions or inaccuracies or ambiguities in such translation or for any losses caused by reliance thereon.

Korean translation copyright © 2017 by SEESAW BOOKS
Korean translation rights arranged with Oxford University Press
through EYA(Eric Yang Agency).

이 책의 한국어판 저작권은 EYA(에릭양 에이전시)를 통한
Oxford University Press 사와의 독점 계약으로 '시소북스'가 소유합니다.
저작권법에 의하여 한국 내에서 보호를 받는 저작물이므로 무단전재 및 복제를 금합니다.

아울러 이 책의 한국어판 출간은 '시소북스'가 주관하며,
'한들출판사'와의 업무 협약을 통해 진행되었습니다.

시리우스 총서 06

폴 틸리히

사랑 힘 그리고 정의

성신형 역

한들출판사

■■■ 저자 서문

   이 책은 제가 그동안 해온 강연을 엮은 것입니다. 첫 번째는 영국 노팅햄 대학에 소재하고 있는 퍼스(Firth) 재단에서 첫 번째 퍼스 강연으로 '사랑, 힘, 정의'의 문제를 주제로 한 강연입니다. 처음에 저는 이 주제를 듣고 많이 망설였습니다. 왜냐하면 여섯 번의 강의로 이와 같이 커다란 주제를 다룬다는 것은 거의 불가능한 일이라고 생각했기 때문입니다. 하지만 저는 마침내 이 초청에 응했습니다. 제가 수락한 이유는 '사랑, 힘, 정의'의 문제를 맞닥들이지 않고서는 신학과 철학과 윤리를 체계적으로 다루는 일은 불가능하다는 것을 깨달았기 때문입니다.

   두 번째는 프린스턴에 소재하고 있는 크리스찬 가우스(Christian Gauss는 프린스턴 대학의 문학 교수로 1905년부터 1936년까지 재직했으며, 그의 이름을 딴 크리스찬 가우스 재단은 1949년에 시작되었다) 재단에서 같은 주제로 조금 더 선택된 그룹들, 예를 들어 교수와 대학원생들, 그리고 지적인 리더들에게 강연을 부탁받았습니다. 이 강연에서 받은 여러 비평들은 제가 이 책을 최종적으로 출판하려는 다음 단계로 나아가는 데에 커다란 도움이 되었습니다.

   그리고 세 번째는 버지니아 리치몬드에 소재하고 있는 유니온신학교의 스프런트(Sprunt) 재단에서 저를 일곱 번째 강연자로 초청하였습니다. 그 당시에는 한 가지 돌발 상황이 발생했는데, 원래 강연하기로 한 교수가 오지 못하는 사고가 생겼기 때문에 저를 초청한 것입니다. 저는 급히 노팅햄 대학에 연락하여 퍼스 강연에서 발표한 것을 다시 고치고 확장해서 스프런트 강연에서 사용할 것을 허락 받았습니다. 강연을 하면 할수록 이 주제가 너무 어려웠기 때문에, 저는 그동안 신학의 길을 걸어오면서 겪었던 그 어떤 어려움보다 더 큰 고통을 경험했습니다.

이 세 가지 개념을 다루면서 적용하기 위해 제가 사용할 수 있는 유일한 방법론은 아주 기초적인 존재론적 분석을 바탕으로 정교하게 다듬는 것 뿐이었습니다. 마지막 세 장이 바로 이러한 적용의 결과물입니다. 각각의 개념에 대해서 존재론적인 분석을 시도하는 동안, 저는 존재 자체의 본성에 대한 공통된 기반을 볼 수 있었습니다. 첫 번째 장에서는 강연에 대한 서론으로 '사랑과 힘과 정의'의 문제를 다루면서 겪게 되는 여러 가지 혼란에 대해서 살펴보았습니다.

이 책은 두 재단, 즉 퍼스 재단과 스프런트 재단에서 제게 강연 기회를 준 것을 통해서 발전하였습니다. 이 강연을 통해 저는 제가 걸어온 학문의 길에서 무척 다루기 어려운 문제들에 대해서 조금 더 조직적으로 다루어 볼 수 있는 기회를 갖게 되었습니다. 제게 이와 같은 강연의 기회를 주신 두 재단에 깊은 감사의 마음을 전합니다.

폴 틸리히 뉴욕
1953년 4월

■■■ 역자 서문

자신을 '경계선의 신학자'로(*On the Boundary: An Autobiographical Sketch* (New York: Charles Scribner's Sons, 1966) 표현하고 있는 20세기 신학자 폴 틸리히는 철학적인 사유를 신학적인 변증으로 발전시켰습니다. 경계선이라는 말은 바로 이런 방법론을 말하기도 하고, 또한 그의 삶의 자리, 즉 독일에서 신학을 시작했지만, 전쟁 때문에 미국으로 건너와 영어로 신학하고 있는 자신의 상황을 말하기도 합니다. 폴 틸리히가 자신의 윤리적인 사유를 정리한 책은 《사랑, 힘, 그리고 정의》(*Love, Power and Justice*)와 《도덕성, 그 너머》(*Morality and Beyond*)가 있습니다. 물론 《조직신학》 3권(*Systematic Theology*, vol. III)이나 《문화의 신학》(*Theology of Culture*), 《존재에의 용기》(*The Courage to Be*) 등에도 틸리히의 윤리적인 사상이 어느 정도 드러나 있습니다.

그러나 이 두 권은 틸리히가 자신의 윤리적인 사상을 피력하고 논증한 책이기에 윤리학적인 차원에서 더욱 가치가 있습니다. 《도덕성, 그 너머》(*Morality and Beyond*)는 아직 소개되지 않았는데, 이 책에서는 인간의 도덕성에 대한 종교적인 의미에 대해 탐구하고 있습니다. 특히 이 책에서는 가톨릭교회와 개신교회의 도덕 규범에 대한 차이를 설명하였고, 도덕성에 대해 초월성의 차원에서 설명함으로 윤리 이론과 윤리 실천 사이의 갈등 구조를 극복하려고 했습니다.

《사랑, 힘, 그리고 정의》는 제가 처음 번역한 것이 아니라, 이미 1979년에 남정길 선생님의 번역으로 전망사에서 출간되었습니다. 그렇지만 절판되어 독자들이 다시 만날 수 없는 책이 되었기에 용기를 내어 번역할 결심을 하였습니다. 오늘 우리의 시대가 '사랑, 힘, 정의'의 문제에 대해서 다시 한번 생각해 보아야 할 시간이라는 생각이 들었고, 또한 갈 길을 잃었지만 새로운 길을 찾지 못하고 있는 한국의 기독교가 폴 틸리히의 지혜를 배울 수 있다면 좋겠다는 생각도 들었습니다.

이 책은 폴 틸리히가 1933년 가을 독일을 떠나 미국으로 건너간 후 뉴욕 유니온신학교에서 철학적 신학부의 교수로 왕성하게 활동하던 중에 그를 세계적인 신학자로 인식되게 만든 세 번의 강연(퍼스 재단, 가우스 재단, 스프런트 재단)을 정리한 책입니다. 이 강연들은 같은 주제의 내용을 발표한 것으로, 이 강연 후에 폴 틸리히는 1953년과 1954년에 세계적인 신학자들만 초청받는 영국의 기포드 강연(Gifford Lectures)의 주 강연자로 초빙되어 조직신학 사상을 강연함으로 20세기 최고의 기독교 신학자로 이름을 알릴 수 있었습니다. 그의 기포드 강연은 이미 발간된 《조직신학》 1권에 이어서 2권, 3권이 시리즈로 출간되어 아직도 사랑을 받고 있습니다.

틸리히가 기포드 강연을 할 무렵에 《조직신학》 1권은 1951년에 이미 출간되었습니다. 틸리히는 2년에 걸친 기포드 강연에서 기독론과 성령론에 대해 연속 강연을 하였고, 이 강연은 이후에 《조직신학》 2권(1957년)과 3권(1963년)으로 시카고대학교 출판부에서 출간되었습니다.

폴 틸리히의 《사랑, 힘, 그리고 정의》는 《조직신학》이 출간되기 이전에 나온 책으로 틸리히의 신학적인 방법론을 가장 잘 보여주는 저술 중 하나입니다. 그리고 이 책은 철학과 신학의 상관관계로 알려진 틸리히의 신학방법론이 그대로 드러난 책입니다. 폴 틸리히가 《사랑, 힘, 그리고 정의》(1953년)를 출간했을 때, 당시 가장 위대한 기독교윤리학자 중 한 사람이었던 폴 램지(Paul Ramsey)는 이 책에 대해 "그가 왜 기포드 강연자로 선정되었는지를 보여주는 역작"이라고 칭찬하였습니다(The Philosophical Review, vol 64, no. 1 Jan. 1955). 당시 하버드대학 교수였던 제이콥 타우베스(Jacob Taubes)는 이 책을 가리켜 "철학과 신학을 가장 잘 조화시킨 작품으로 틸리히가 어째서 이 시대의 철학적 신학자인가를 보여주는 역작"이라고 설명하고 있습니다(The Journal of Religion, vol. 35, no. 2, April 1955). 틸리히의 동료인 라인홀드 니버 역시 이 책을 추천하면서 "오늘 우리가 당면하고 있는 기독교 윤리학의 기본 문제를 가장 통찰력 있게 분석한 책"이라고 칭찬하였습니다.

이제 내용을 간략하게 살펴보겠습니다. 이 책은 윤리적인 관점에서 존재의 의미에 대해 사색하고 있는 책입니다. 사실 윤리적인 관점에서 존재에 대한 사색처럼 어려운 일이 또 있을까 하는 생각을 해봅니다. 그 이유는 오늘 우리는 생존이라는 과제에 떠밀려 존재의 의미를 점점 더 상실하면서 살아가고 있기 때문입니다. 따라서 존재의 의미에 대해 깊게 사색하며, 철학적인 그리고 종교적인 의미에 대해서 묻는 것은 여간 어려운 과제가 아닙니다. 이런 점에서 역자는 폴 틸리히의 *Love, Power, and Justice*를 보는 순간 존재의 의미에 대한 그의 통찰에 푹 빠지게 되었습니다.

틸리히는 이 책 서문에서 세 가지 주제가 주는 엄숙함 때문에, 이 주제들을 피해 가려고 했다고 하였습니다. 왜냐하면 다루어야 할 내용이 너무 많고 또 어렵기 때문이었습니다. 하지만 그는 이 주제를 피해 가지 않았는데, 그 이유는 이 주제에 대해 생각하지 않고는 존재에 대한 이해를 할 수 없기 때문이라고 그는 역설하고 있습니다.

폴 틸리히가 사랑(love), 힘(power), 정의(justice)의 문제에 대해 접근하는 가장 중요한 이유는 이 세 가지 범주가 인간 존재에 대한 가장 근본적인 질문에 연결되어 있다고 생각했기 때문입니다. 틸리히에게 있어서 존재론은 그의 신학과 철학에 있어 가장 중요한 개념입니다. 그는 제1차 세계대전에 독일군의 군목으로 참전하여 전쟁의 참상을 누구보다도 잘 알게 되었으며, 이 전쟁이 끝나고 얼마 후 나치가 집권하자 이번에는 '종교사회주의 운동'에 참여하면서 나치에 반대했습니다. 이 문제로 폴 틸리히는 교수직을 박탈당하고 결국 미국으로 건너가게 되었습니다. 종교사회주의는 독일국가사회주의(나치)가 권력에 등장하면서 많은 교회가 나치를 옹호하는 상황을 거부한 대표적인 종교운동이었습니다.

두 차례의 세계대전은 인류에게 너무나 커다란 아픔을 가져다 준 사건입니다. 폴 틸리히는 전쟁의 폐허와 엄청난 죽음을 경험하면서 인간 이성과 진보에 대한 믿음이 무너지게 되었습니다. 그 이후로 인류는 존재에 대한 심각한 질문과 성찰을 더 깊게 하게 되었습니다. 틸리히는 이런 고통을 바라보면서 거대한 악의 힘을 비존재(non-being)의 힘이라고 생각하게 됩니다. 그리고 그는 이 비존재의 힘에 저항해서 존재가 계속 존재할 수 있도록, 모든 존재는 삶에 참여

(participation)해야 한다고 역설하고 있습니다. 틸리히에게 있어서 비존재의 힘에 대항하여 존재가 계속 존재에 참여하는 것은 삶의 가장 중요한 핵심 과제이며 동시에 윤리학의 핵심 개념이었습니다. 이러한 생각을 바탕으로 틸리히는 사랑과 힘과 정의의 문제에 집중한 것입니다. 틸리히는 보이지 않지만 실재하고 있는 비존재의 힘에 대항하는 과정이 인간 존재의 과정이라면 이러한 과정 중에 사랑과 힘과 정의의 문제를 생각하는 일이 가장 기초적인 일이라고 생각했던 것입니다.

인류가 존재하면서 가졌던 가장 오래된 주제가 바로 '사랑과 힘과 정의'입니다. 만일 이 개념들에 대해 현재를 살아가고 있는 사람들에게 묻는다면 모두 다른 대답을 할 것입니다. 사실, 이 세 가지 개념에 대해 구체적으로 설명하고 개념을 파악하며 그 논리를 따지는 것은 불가능한 일입니다. 그래서 틸리히는 이러한 개념들에 대해 구조적인 문제나 논리적인 접근을 시도하기 이전에 존재론적인 접근이 필요하다고 설명하고 있습니다. 존재론적인 접근이란 '보다 근원적인 의미, 즉 존재가 비존재의 힘을 극복하고 존재할 수 있기 위해서는 사랑과 힘과 정의에 어떤 의미가 있는지에 대해서 생각하는 것'입니다. 틸리히는 이를 위해서 사랑과 힘과 정의에 대해 탐구하면서 그 윤리적인 의미를 찾아가고 있습니다.

폴 틸리히의 존재론적인 질문 중에서 처음 등장하는 것이 '사랑'(love)입니다. 사랑은 사람에게는 가장 기초적인 감정입니다. 그러나 이것을 이해하는데 감정으로만 생각해서는 안 됩니다. 스피노자(Spinoza)는 "사랑이란 추상적이고 전체적인 감정에만 머물러 있는 것이 아니라, 그 구체적인 영역으로 들어가서 참여하는 것"이라고 하였습니다. 스피노자의 이러한 생각이 사랑을 '존재론적'인 측면으로 끌어들이게 된 것입니다. 즉, 세상에 대해서, 삶에 대해서, 신에 대해서 인간이 어떠한 사랑을 보이고 있는가 하는 것이 존재의 기초라는 것입니다. 사랑에 대한 또 다른 설명은 '윤리적'인 측면입니다. 종교는 사랑할 것에 대해서 윤리적인 기준을 만들어 놓았습니다. 그리고 일반 윤리학에서도 사랑은 아주 큰 주제입니다. 틸리히는 사랑의 윤리적인 측면을 생각하면서 이 사랑의 본래 의미를 깨달으려면 사랑에 대한 윤리적인 접근에서 존재론적인 접근으로 들어가야만 한다고 말합니다. 사랑에 대한 존재론적인 접근 … 사랑에 대한 지나친 감수성에 빠져 있는 현대 문화, 그리고 이에 대한 반작용으로 윤리적인 차원만을 고수하는 사람들이 대립하는 현실 속에서 틸리히의 사랑에 대한 존재론적인 접근에 관심을 기울일 필요가 있다는 생각이 듭니다.

존재의 윤리적 의미를 탐구하기 위한 틸리히의 다음 과제는 '힘'(power)입니다. 틸리히는 힘도 사랑처럼 그 의미를 파악하기 쉽지 않다고 말합니다. 특히 현대인들에게 힘은 '권력'이라는 단어와 연결되면서 부정적인 의미를 더 많이 가지고 있습니다. 그러나 이런 선입관을 배제하는 것이 중요합니다. 힘이라고 하면 우선 '물리적인 힘'을 들 수 있습니다. 일상 속에 우리는 이 물리적인 힘에 의해서 움직여지고 있습니다. 두 번째 힘은 '사회적인 힘'입니다. 사회적이라는 뜻은 정치적인 의미를 말합니다. 이 때 힘의 의미는 권력을 말할 수 있습니다. 세 번째로는 '영적인 힘'을 생각할 수 있습니다. 현대사회가 아무리 과학적인 진보를 이루어낸 사회라 하더라도 이 부분을 간과

할 수 없습니다. 오히려 종교적인 현상에 대한 인간의 경험은 줄어들지 않고 있습니다. 사람들은 오늘날에도 영적인 힘을 갈망하면서 살고 있습니다. 이와 같이 힘은 모두 인간의 존재와 밀접하게 연결되어 있는 것들입니다.

폴 틸리히의 마지막 과제는 '정의'(justice)입니다. 우선 정의의 문제를 생각할 때 우리는 세 가지 범주를 생각해야 합니다. 이것은 '법적 정의'와 '도덕적 정의' 그리고 '종교적 정의'입니다. 폴 틸리히는 이 문제들이 서로 충돌하고 있는 것처럼 보인다고 말하고 있습니다. 법적인 정의는 정당한 분배, 즉 돌아갈 몫에 대한 명확한 선긋기에서 비롯됩니다. 하지만 인간의 현실 속에서는 이러한 선긋기가 점점 더 어려워지고 있습니다. 왜냐하면 사회적인 지위에 따라서, 자신의 삶의 자리에 따라서 그리고 종교적인 신념에 따라서 정당한 분배에 대한 개념이 서로 다르기 때문입니다. 이런 점에서 인류가 오랜 시간을 치열하게 고민하고 있는 평등의 문제가 깊은 딜레마에 빠지게 됩니다. 과연 수치상의 공정함이 가능한가 하는 것이 바로 그 문제입니다. 이 문제에 대해서 조금 더 깊게 생각하고 그 답을 찾아가기 위해서 삶의 역동성에, 즉 삶의 존재론적인 의미에 대해서 주목해야 합니다.

이러한 관점을 바탕으로 폴 틸리히는 존재의 의미에 대해서 고민하면서 존재론적인 윤리를 발전시키고 있습니다. 이 책을 읽어가면서 틸리히의 논리를 따르다 보면, 어느새 현대사회를 살아가고 있는 우리는 존재론적인 관점에서 윤리적인 사고와 그 실천 방향에 대해서 조금 더 깊게 성찰하는 기회가 될 것입니다.

역자는 이 책을 번역하면서 틸리히의 사상을 깊게 만나는 큰 기회를 얻었습니다. 번역이 저자의 모든 사상을 담을 수 없기에 그 한계를 절감하면서 여러 번 절망하기도 했지만, 다른 한 편으로는 이 책을 번역하면서 느꼈던 즐거움은 무척 컸습니다. 이 책을 읽으면서 틸리히의 강연에 직접 참여할 수 있었다면 어땠을까 하는 깊은 아쉬움이 남습니다. 독자들도 제가 경험한 것을 함께 느낄 수 있기를 바랍니다.

끝으로 이 책을 번역 출간할 수 있도록 도움을 주신 분들께 깊은 감사를 드립니다. 원고를 끝까지 읽어가면서 내용에 대해 질문을 하며 교정해 준 나의 아내 김수영과, 이 책을 위해서 출간 모든 과정을 담당해주신 시소북스 정영찬 대표, 그리고 최종 출판을 허락해주신 한들출판사 정덕주 사장께 감사드립니다.

차례

저자 서문
역자 서문

PART 01 **문제와 혼동, 그리고 방법**
사랑, 힘, 정의에 대한 근원적인 문제들   19
사랑, 힘, 정의의 관계적인 문제   30

PART 02 **존재와 사랑**
존재론적인 질문   41
사랑의 존재론   49

PART 03 **존재와 힘(Power)**
존재의 힘(Power)과 존재   63
힘(Power)에 대한 현상학적 설명   70
힘(Power)과 강요   76
사랑과 힘의 존재론적인 일치   79

PART 04	**존재와 정의**	
	존재의 형식으로서의 정의	87
	정의의 원리들	91
	정의의 수위(단계)	97
	정의와 힘과 사랑의 존재론적인 일치	102

PART 05	**개인적인 관계에서 정의와 사랑과 힘의 일치**	
	존재론과 윤리	109
	개인적인 만남 속에서의 정의	115
	개인적인 만남에서의 정의와 사랑의 통일성	120
	개인적인 만남에서의 정의와 힘의 통일성	126

PART 06	**그룹 관계에서 힘과 정의와 사랑의 일치**	
	자연과 사회 속에서 힘의 구조	132
	사회 그룹들의 만남 속에서 사랑과 정의와 힘	141

PART 07	**궁극적인 것과의 관계에서 사랑과 힘과 정의의 일치**	
	사랑과 힘과 정의의 원천이신 하나님	153
	거룩한 공동체 안에서 사랑과 힘과 정의	161

PART 01 문제와 혼동, 그리고 방법

사랑, 힘, 정의에 대한 근원적인 문제들

사랑, 힘, 정의의 관계적인 문제

■■■ 사랑, 힘, 정의에 대한 근원적인 문제들

만일 우리가 신학 혹은 철학의 분야들을 체계적으로 연구하고 있다면, '사랑, 힘, 정의'라는 세 가지 개념들과 만나는 것은 피할 수 없는 일이다. 이러한 주제들은 인간성에 대한 원리나 심리학과 사회학 등의 분야에서 매우 중요한 위치를 차지하고 있으며, 또한 윤리와 법적인 판결 등의 영역에서도 그 중심을 이루고 있다. 그리고 정치 이론과 교육 방법 등에서도 결정적인 요소들이며, 더 나아가서 사람의 심리나 신체 등의 병리학적인 분야에도 깊게 관여하고 있다.

이 세 가지 개념은 그것 자체로도 매우 중요할 뿐 아니라, 서로 상호간에 관련되어 있어 그 중요성은 더욱 깊어진다. 그러므로 비록 불가능한 일이지만, 이것들을 깊게 탐구하여 하나의 주제로 묶어보는 것은 꼭 필요한 일이다. 왜냐하면 이러한 주제들이 논의되는 각각의 영역에 대해서 분석과 종합을 시도해 나가다 보면, 우리는 이것들이 서로 밀접하게 연관되어 있음을 볼 수 있기 때문이다.

하지만 이러한 작업은 거의 불가능하다. 왜냐하면 누구도 이 세 가지 개념들이 구체적인 영역에서 어떠한 역할을 하고 있는지에 대해 하나의 관점으로 꿰뚫어 볼 수 있는 전문가가 될 수 없기 때문이다. 그러므로 우리는 반드시 각각의 개념들이 지니고 있는 보다 근원적인 의미가 어디에 있는지를 확인해야 한다. 즉, 각각의 상황 속에서 적용되고 있는 구체적인 의미를 결정짓는 것이 무엇인지에 대해서 물어야 한다. 이런 기본적인 질문은 개별적인 의미들에 대한 논리적인 유효성을 밝히는 일보다 더 우선되는 것이다. 그러므로 사랑과 힘과 정의에 대한 근본적인 의미를 개별적으로 연구하는 것이 첫 번째 과제이다. 더 나아가서 우리가 가지고 있는 보편적인 인지 능력을 최대한 발휘하여 각각의 개별 의미에 대한 연구를 통해, 이 개념들이 보여주는 전체적인 의미를 파악하는 일 또한 이 연구에서 가장 중요한 부분 중 하나이다.

전통적으로 이것들은 원리들, 구조적인 요소들, 그리고 존재의 요소들로 불리운다. 조금 더 정확하게 말하면, 이것은 '존재론'에 관한 연구이다. 존재론은 모든 원리들과 근원적인 의미를 발견할 수 있는 유일한 길일 뿐 아니라, 우리 연구 주제인 세 가지 개념, 즉 '사랑, 힘, 정의'가 드러나는 토대이기도 하다. 이것이 내가 이 책에서 계속해서 탐구해 나갈 과제이다. 존재론적으로 우리는 '사랑, 힘, 정의'의 근원적인 의미에 대해 질문할 것이다.

그리고 우리가 이 과제를 잘 수행하게 된다면, 각각의 개념에 대한 특별한 의미들을 발견하게 될 뿐 아니라, 이것들이 서로 연결되어 있는 구조와 그리고 다른 영역들과 연결되어 있는 구조들도 발견하게 될 것이다. 또한 만일 우리가 이 과제를 성공적으로 마치게 된다면, 우리는 이 개념들이 각각 가지고 있는 고유의 문제들뿐만 아니라 상호 연관성 속에서 논의되어 온 많은 길들에 대해서도 판단할 능력을 갖게 될 것이다. 더 나아가서 우리 자신에게 이 개념들의 상호 연관성에 대한 조금 더 근본적인 설명을 할 수 있게 될 것이다.

'사랑, 힘, 정의' 등의 개념들이 사용되고 있는 각각의 의미들은 매우 다양할 뿐 아니라, 이것들의 상호 연관성을 밝히면서 토론을 진행하는 일은 우리가 뛰어 넘을 수 없는 장애물을 넘으려는 시도처럼 매우 복잡한 일이다. 그럼에도 불구하고 우리는 이런 일들을 시도해야만 한다. 먼저 이 작업을 하기 위해서는 앞으로 연구를 계속 진행해 나가면서 겪게 될 많은 문제들과 혼란에 대해 생각해 보아야 한다.

어떤 면에서 독자들은 '혼동'이라는 단어를 이 책의 처음 장 제목으로 삼는 것에 대해서 매우 의아해 할 것이다. 하지만 '사랑과 힘과 정의'에 대한 논의를 진행하다 보면, 우리는 이런 의문을 자연스럽게 받아들이게 될 것이다. 용어 사용에 있어서의 어려움은 '사랑, 힘, 정의'라는 개념들이 그려놓은 무수한 감정적인 요소들과 만나는 것이 마치 정글 속을 헤매는 일처럼 여겨질 것이다. 다시 말해서 각 개념들에 대해 도저히 정리할 수 없는 그 어떤 심연을 헤매고 있는 것 같이 느껴질 것이다. 이와 같은 혼란은 한편으로는 아주 기초적인 일이지만, 또 한편으로는 서로 깊게 연결되어 있다고 볼 수 있다.

사랑이라는 말이 우리의 일상생활과 많은 문학작품 속에서 지극히 감정적인 것으로 이해되면서 잘못 사용되고 있음에도 불구하고, 여전히 사랑이라는 단어는 인간의 감정에 호소하는 힘이 매우 크다. 사랑은 '따뜻함이나 열정, 행복, 충족감' 등을 느낄 때 사용되곤 한다. 과거, 현재 그리고 앞으로의 삶 가운데, 사랑하고 있다거나 혹은 사랑 받고 있다고 느낄 때 이 단어는 사람들의 마음을 사로잡는다. 이 단어의 기본적인 의미는 사람의 감정적인 상태로 이해되기 때문에 사랑에 대한 다른 정의들을 내리는 것이 불가능하기도 하다. 그래서 사랑에 대한 깊은 의미에 대해 생각하기보다는 상황에 따르는 표현 등을 전개할 수밖에 없으며, 의도나 요구 등에 대한 문제가 아니라 현재 벌어지고 있는 일에 대한 어떤 상태로 보일 뿐이다. 만일 그렇다면 스피노자의 말대로, 사랑이란 좋아하는 감정들의 영역에 대해서 전체적인 의미를 묻는 것이라기보다는 단지 많은 감정들 중 하나에 대해 이야기하고 있을 뿐이다.

특히 스피노자는 사랑의 신적인 실체와 이것에 참여하는 여러 가지 방법에 대해 설명함으로, 마치 하나님의 사랑에 대해서 설명을 시도하는 것과 같이, 신을 향한 인간의 사랑에 대해서 지적으로 설명할 수 있는 길을 열어 주었다. 이런 측면에서 스피노자는 감정적인 측면에서의 사랑을 존재론적인 측면으로 끌어올려 놓았다. 그리고 이러한 설명은 이미 엠페도클레스와 플라톤으로부터 출발하여 아우구스티누스와 피코, 그리고 헤겔과 셸링에까지 이르는 실존철학과 심리학에 잘 알려진 것으로, 사랑의 중심에는 존재론이 깊게 자리잡고 있다.

감정적인 측면이나 존재론적인 측면으로 설명하는 방법 외에도 사랑에 대해서 설명할 수 있는 또 다른 방법이 있다. 이것은 윤리적인 설명이다. 유대교, 기독교, 그리고 모든 서구문명의 결정적인 문헌들을 살펴보면, 사랑이라는 단어는 "너는 ~ 을 해야만 한다"는 의무를 포함하고 있다. 위대한 계명(Great Commandment)은 모든 사람에게 자신의 자기-확인(self-affirmation) 정도에 따라서 하나님과 사람에 대한 전적인 사랑을 요구하고 있다. 만일 사랑이 감정적인 것이라면 이것이 어떻게 요구될 수 있겠는가? 감정은 요구될 수 있는 것이 아니기 때문이다. 우리는 감정에 대해 우리 자신을 위한 어떤 것도 요구할 수 없다. 만일 우리가 인위적인 것들을 만들어

내야만 한다면 우리가 그렇게 보일 수 있도록 행동을 할 수는 있다. 의도적으로 꾸며내는 회개는 비뚤어진 자기 만족감을 감출 수 있다. 하지만 억지로 짜낸 사랑은 무관심과 적대감만 드러낼 뿐이다. 이런 점에서 감정적인 측면의 사랑은 결코 명령될 수 있는 것이 아니라는 것이다.

그러므로 사랑을 단지 감정적인 문제로만 생각하는 것이나, 혹은 가장 큰 계명으로만 그 역할을 한다고 여기는 것은 무의미한 것이다. 오히려 우리는 사랑이라는 감정을 윤리적인 의미에서뿐만 아니라 존재론적인 차원에서 생각하는 것이 필요하다. 즉 우리는 사랑이 가지고 있는 윤리적인 의미가 존재론적인 성격을 가지고 있으며, 동시에 사랑의 존재론적인 측면이 그 윤리적인 성격으로 더욱 분명해짐을 깨달아야 한다. 그리고 이러한 접근이 타당한 것이라면―앞으로 우리는 계속해서 이 타당성에 대해서 논증해 나갈 것이다―우리는 이와 같은 해석이 사랑이란 사람이 지니고 있는 가장 격정적인 감정의 영역에 속해 있다는 사실 또한 간과해서는 안 될 것이다.

여기에서 우리는 또 다른 질문에 다다르게 된다. 이 질문은 그것 자체로도 매우 중요할 뿐 아니라, 지난 수십 년간 신학과 윤리학에서 하나의 근본적인 주제가 되어온 것이다. 이것은 바로 사랑의 질에 관한 질문이다. 우리는 '에로스와 아가페'―르네상스 상징주의에서는 '지상의 사랑'과 '천상의 사랑'으로 구분하고 있다―라는 사랑에 대한 두 가지 개념에 대해 공공연히 토론해 왔다. 사랑의 질이란 사랑의 형태를 말하는 것으로 이 두 가지 형태는 서로 상충된 개념으로 여겨지면서도 동시에 '사랑'이라는 한 단어로 말하여졌다. 나는 이 강의를 준비하면서 이러한 차이는 사랑의 '형태 문제'가 아니라 '질의 문제'라는 것을 깨닫게 되었다. 왜냐하면 이 질적 차이는 효율적인 측면에서나 비효율적인 측면에서 모두 동일하게 우리 삶에서 실제로 벌어지고 있는 것이기 때문이다. 또한 이 두 종류의 사랑이 그 질적인 측면에서 우열을 가릴 수 있는 것도 아니다.

이런 점에서 나는 네 종류의 개념을 제시하겠다. '리비도'(libido), '필리아'(philia), '에로스'(eros), 그리고 '아가페'(agape)가 그것들이다. 사랑의 질과 관련된 이러한 개념들을 생각하면서 우리는 다음과 같은 질문을 해야만 한다: 어떻게 이것들이 서로 연관되어 있는가? 만일 누군가가 사랑의 질에 대해 생각하지 않고 사랑에 대해서 말한다면 그것은 어떤 의미가 있는가? 또한 어떤 종류의 사랑이 위대한 명령에 근접한 것인가? 그리고 어떤 것이 가장 감정적인 것인가?

사랑이라는 단어에 대해서 가장 먼저 떠올리는 것은 자기-사랑(self-love)일 것이다. 자기-사랑이 과연 어떻게 존재론적인 관점에서 혹은 윤리적인 측면에서 사랑의 '질의 문제'와 관련이 있는가? 우리는 먼저 자기-사랑이 과연 사랑이라는 관점에서 어떤 의미를 지니고 있는 개념인지에 대해서 물어야 한다. 사랑을 하는 주체와 받는 대상이 서로 다른 것이라는 점을 생각해 본다면, 과연 자아-의식(self-consciousness)의 구조 속에는 이런 구분이 들어 있는가? 나는 자기-사랑이라는 단어를 사용하는데 매우 회의적이며, 혹 이것이 사용된다 하더라도 은유적인 의미가 매우 강하다고 생각한다. 우리는 자기-사랑이라는 말에 대한 이와 같은 용어상의 질문뿐 아니라, 은유적으로 쓰이고 있는 자기-사랑이라는 단어가 과연 질적인 측면에서 어떤 사랑을 내포하고 있는지에 대해서도 물어야 한다. 또한 이것이 사랑의 본질에 대한 윤리적인 의미와 존재론적인 측면과 어떤 관련이 있는지도 질문해 보아야 한다.

본 연구를 통해 우리가 '사랑'이라는 단어를 사용하면서 겪게 되는 어려움과 혼란은 동시에 '힘'이라는 단어 개념에 대해서 연구하며 토론할 때에도 발생하게 된다. 나는 한 일화를 이야기하려고 하는데, 이 이야기는 분석적인 의미를 담고 있기보다는 상징적인 의미를 가지고 있다. 미국에서 '사랑, 힘, 정의'라는 주제로 강의하는 것은 좋은 생각이 아니라는 충고를 받았다.

왜냐하면, 파워(power)라는 단어는 전기제품을 만드는 회사에서 주로 사용하는 단어이기 때문이다. 그리고 정의(justice)라는 단어 역시 테네시 강 유역 개발공사가 관장하고 있는 강물의 유입량을 조절해 줄 것을 요구하면서 조금 더 싼 전력을 공급받기 위해 중앙정부의 전기 정책에 맞서 투쟁하는 의미로 많이 사용되었다. 이 이야기를 통해서 우리는 파워라는 단어는 대체로 전력을 의미하고 있음을 알 수 있다. 한편, 때때로 '파워'라는 말은 모든 물리적 혹은 신체적인 원인들에 적용되어 사용되기도 한다. 비록 이론물리학에서 파워 개념을 설명할 때에 모든 의인화된 상징들을 수학적인 개념으로 바꾸어서 말하고 있기는 하다.

하지만 오늘날에도 물리학에서 '파워'라는 말을 설명할 때에는 여전히 그 기본적인 물적 구조에 대해 설명하는 것을 원칙으로 하고 있다. 적어도 '파워'라는 단어의 의미에 대해 설명할 때 물리적인 인과율을 분석하는 것을 그 제일 원칙으로 삼고 있다.

그러나 물리학자들도 '파워'라는 단어가 의인화된 은유적 의미를 가지고 있다는 것에 대체로 동의하고 있다. 파워는 자연의 영역에서 사회학적인 영역으로 확대되고 있는 것이다―비슷한 예로 '법'이 있는데 나중에 살펴보기로 하자―. 하지만 '은유'라는 단어가 모든 문제를 해결해 주지는 못한다. 그리고 어떻게 자연과학과 사회과학이 '파워'라는 단어를 같이 사용하는 것이 가능한 일인지 우리는 반드시 확인해 보아야만 한다. 분명 사회과학과 물리학의 구조에 있어서 서로 연결되는 부분이 있을 것이다. 이 부분이 '파워'라는 단어의 공통분모를 찾게 해 줄 것이다. 그러나 파워라는 단어의 근원적인 의미를 발견할 수 있는 방법은 그 단어의 존재론적인 기초를 탐구하는 것뿐이다. 이것은 그 단어의 존재론적인 기초에 대해서 탐구하는 것으로, 바로 우리 연구의 주요 목표 중 하나이다.

한편, 사회적인 영역에서 파워라는 단어가 가지고 있는 아주 미묘한 어려움이 있는데, 그것은 '파워'(power)와 '포스'(force)의 차이점이다. 이 차이점은 인간의 삶의 역영에 깊게 자리 잡고 있다. 제한된 자유를 누리면서 살고 있는 사람은 '파워'와 '포스'(force)의 차이에 민감할 수밖에 없다. 어떤 사람들은 도덕적인 분노를 표출하면서 '힘의 정치학'에 대해 말을 하곤 한다. 그러나 이런 생각은 단순한 혼동 때문에 생긴 것이다. 정치학이나 힘의 정치학이라는 말은 같은 것이다. 민주주의 사회에서나 독재국가에서도 정치의 바탕은 모두 힘(power)이다.

그러므로 정치학이나 힘의 정치학은 같은 현실을 말하는 것이다. 당신이 어떤 단어를 사용하든 그것은 문제가 되지 않는다. 하지만 불행하게도 '힘의 정치학'이라는 말은 종종 특별한 종류의 정치적 개념으로 사용된다. 즉 이것은 정의나 사랑의 문제와는 분리되고, 억압의 문제에만 연결된 것으로 생각된다. 실제로 힘이 사용될 때에는 반드시 억압적인 요소가 드러나기 때문에 이러한 잘못된 이해가 생기는 것이다. 하지만 억압은 힘의 한 부분일 뿐이다. 만일 힘이 정의라는 형식과 사랑이라는 내용을 갖추지 않는다면, 힘은 줄어들 것이고, 결국 그 힘에 바탕을 둔 정치 체계도 파괴될 것이다.

그러므로 힘(power)과 억압의 관계가 갖는 모호함을 극복하려면, 파워가 가지고 있는 존재론적인 의미를 꿰뚫어 보아야 한다. '억압'과 '힘'의 차이에 대해서 생각했다면, 우리는 다른 질문으로 넘어가게 된다. 이것은 파워가 가지고 있는 물리적인 의미와 심리적인 의미를 넘어서, 과연 이것의 영적 의미는 무엇인가 하는 것이다. 억압은 파워를 실행하기 위해서 물리적이고 심리적인 수단들을 사용한다. 이것이 가장 분명하게 드러나는 공포스러운 형태가 독재이다. 그러므로 억압에는 영적인 파워를 생각해 볼 수 있는 요소가 없다.

한편, 사람들은 영적인 힘이 가장 위대하고 궁극적인 힘이라고 생각하기도 한다. 어떤 사람이 "하나님은 영이시다"라는 말을 한다면, 이 사람은 바로 이러한 생각을 하고 있음을 말해주는 것이다. 이제 다른 질문이 생긴다: 영적 힘은 어떻게 작용하는가? 이것은 물리적 혹은 심리적인 힘과 어떻게 연결되는가? 혹시 이것이 힘의 억압적인 요소와 연결되어 있지는 않은가?

이제 우리는 다음 주제인 '정의의 문제'로 넘어갈 것인데, 이 주제에 대해서 사람들은 오랜 시간 동안 깊게 토론해 왔다. 초창기 인류는 신화와 시, 조각과 건축물 등에 정의의 문제를 상징적인 방법으로 투영시켰다. 하지만 그 의미는 매우 모호하였다. 한편 이 법적인 의미는 윤리적인 의미와 자주 충돌했으며, 다른 한편으로는 그 법적/윤리적 의미는 종종 종교적인 의미와도 마찰을 빚었다. '법적 정의'(justice)와 '도덕적 정의'(righteousness)와 '종교적인 정의'(justification)의 문제들은 서로 충돌하고 있는 것처럼 보였다.

아리스토텔레스는 정의의 문제에 대해서 "그것은 돌아갈 몫의 문제로, 분배와 재분배의 문제를 모두 포함하는 것"이라고 설명하였다. 여기에는 몇 가지 생각해야 할 점이 있다. 우선 과연 '분배' 혹은 '재분배'라는 개념에 대해서 어떤 명확하고 유효한 구분이 가능한가 하는 점이다. 분배란 사람들이 자신들의 각자 요구에 맞게 재화를 나누는 것을 말한다. 각자의 요구는 사람들의 사회적인 지위에 따라서 결정되는데, 이 지위는 한편으로는 사람들이 살아오면서 우주와 사회 안에서 역사적으로 계속 세습되어 내려온 측면이 있으며, 또 한편으로는 그 지위를 구체화할 수 있는 장점들과 잠재력을 모두 포함하는 측면도 함께 가지고 있다. 재분배는 어떤 사람의 지위가 축소되었거나, 그 가능성이 충분히 고려되지 않았다고 여겨질 때, 그리고 그 지위의 뿌리인 우주적/사회적 질서가 흔들릴 때 대두되는 것이다.

그러므로 재분배는 종종 형벌의 문제와 연결되어 있으며, 정의의 문제와 관련하여 형벌의 의미에 대해 묻게 만든다. 과연 형벌 자체의 목적은 단지 재분배적인 정의의 문제로만 결정되는 것인가? 아니면, 그것은 분배적 정의의 문제로 단지 분배 정의의 부정적인 의미를 담고 있는 것인가? 이 답을 찾기 위해서 우리는 정의에 대해서 존재론적으로 접근해야 한다. 그 진실은 바로 정의롭다는 것은 적당한 몫의 문제라는 점이다. '적당한 몫에 비례하는 정의'란 정당한 요구가 어느 정도로 반영되는가를 가늠해 보는 것이다. 이것은 계급적인 지위에 따르는 적당한 분배에 대한 요구이다.

다른 한편, '정의'라는 단어에는 평등을 의미하는 요소가 있다. 어떻게 몫에 비례하는 정의의 측면에서 계급적인 요소가 평등주의적인 요소와 연관될 수 있는가? 이 질문은 우주와 사회에서 인간 존재의 지위가 시시각각 변하고 있다는 사실을 고려한다면 더욱 대답하기 힘들어진다. 삶의 역동성은 적절한 요구가 어떤 것인지에 대해 생각할 겨를조차 없게 만들 뿐 아니라, 몫에 비례하는 정의가 과연 무엇인지에 대해서도 생각할 수 없게 만드는 것처럼 보인다. 정의에 대한 아리스토텔레스의 설명 이외에 다른 종류의 설명을 찾을 수 있는가? 과연 몫에 비례하는 정의의 개념이 역동적이고, 창의적인 형태로 정의의 요소들과 결합될 수 있겠는가? 여전히 이 질문에 대한 대답은 수치상의 문제를 뛰어넘어 삶의 역동성의 문제를 함께 생각할 수밖에 없는 것이다. 그러므로 이것은 바로 존재론적인 접근으로만 가능한 것이다.

'사랑, 힘, 정의'에 대한 그 다양한 의미를 이해하고 설명하기란, 그 근원적인 의미들에 대한 존재론적 분석 없이는 불가능하다. 다음의 질문에 대한 해답을 찾지 않고는 모호함이나 혼란스러움을 완전히 없애는 것도 불가능하며 또한 기본적인 문제들에 대한 해답을 찾기도 불가능하다. 이 질문은 바로 '사랑, 힘, 정의'가 어떻게 존재의 본질에 뿌리를 두고 있는가 하는 것이다.

■■■
사랑, 힘, 정의의 관계적인 문제

'사랑, 힘, 정의'의 의미에 대한 모호함은 우리를 매우 혼란스럽게 만들 뿐 아니라, 우리가 이 세 가지 개념의 관계성에 대해 생각하자마자 또 다른 문제에 부딪치게 만든다. 우리는 일반적으로 사랑과 힘을 대조적인 개념으로 여긴다. 왜냐하면 사랑이 실행될 때 힘은 약해지며, 힘이 그 위력을 떨칠 때에 사랑은 부정되기 때문이다. 즉, 사랑이 우월하면 힘은 줄어들게 되고, 힘이 우월하면 사랑이 줄어들게 마련이다. 만일 우리가 사랑의 감정적인 측면만 생각하거나, 힘의 억압적인 측면만 고려한다면 이런 생각을 피할 수 없게 된다.

하지만 이러한 이해는 잘못된 것이며 혼동을 더하는 것일 뿐이다. 철학자(특히 니체)가 말한 '권력에의 의지'라는 개념이 기독교의 사랑에 대한 철저한 거부였다고 설명하는 것이 잘못된 이해의 가장 좋은 예이다. 또한 기독교 신학자들이 니체 철학의 '권력에의 의지'를 기독교의 사랑의 개념으로 거부해야 한다고 설명하는 것 또한 이와 같은 것이다.

첫 번째 설명은 힘을 사회적 억압으로만 이해한 것이며, 두 번째는 사랑의 존재론적 의미를 빠뜨린 것이다. 이와 같은 이해가 지배적이었던 시대에 개혁교회 신학의 주된 흐름은 알브레히트 리츨과 그를 추종하는 신학자들로 이루어진 학파였다. 이들은 반형이상학적 편견을 가지고 있으면서, 하나님의 사랑과 능력(power)을 상반된 것으로 여기면서, 능력의 하나님에 대한 생각은 없애고 사랑의 하나님에 대해서만 강조하며 윤리적인 의미를 부각시켰다. 그 결과 신의 신비로움과 위대함은 완전히 무시되고 윤리적인 신론만 남게 되었다. 능력으로서의 하나님 존재는 마치 이교도의 주장처럼 여겨지게 되면서, 당연히 삼위일체의 상징은 사라지게 되었다. 이렇게 하나님의 나라는 윤리적인 공동체를 만들겠다는 생각으로 축소되었다. 능력이 제외된 신학적 작업에서는 당연히 자연에 대한 생각도 사라지게 되었다. 능력에 대한 생각이 사라진 신학 역시 존재에 대한 질문도 사라지게 하였다. 만일 존재에 대한 질문이 다시 제기되고 사랑과 힘의 개념에 대해서 존재론적인 의미를 묻게 된다면, 우리는 이 개념들의 근원에 대한 일치점을 볼 수 있게 될 것이다.

가장 어려운 것은 사회윤리에서 묻고 있는 사랑과 힘의 상반성이다. 힘의 의미에 대해서 끊임없는 의심을 제거하고 사랑의 감정적인 측면을 윤리적인 측면과 함께 생각하지 않는 한 사회윤리는 건설적인 방향으로 나갈 수 없다. 오히려 계속해서 사랑과 힘을 분리할수록, 이것은 정치적 영역과 종교적 영역의 거부와 무관심만 가중시킬 것이다. 또한 이것은 종교와 윤리를 정치로부터 분리시켜 사람들에게 정치는 단순히 억압적인 것이라고 생각하게 만들 것이다. 그러므로 사회윤리를 든든히 세우려면 사랑이라는 요소는 힘의 구조 안에 있는 것이며, 힘이란 사랑이 절대로 힘에 굴복하지 않고 오히려 그 속에 스며들어 있어야 하는 것임을 깨달아야 한다. 우리에게 이와 같은 깨달음을 줄 수 있는 것은 바로 사랑과 힘에 대한 존재론적인 분석이다.

사랑(love)과 힘(power)의 관계에 대해 다루면서 발견한 혼란스러운 문제들은 우리가 사랑과 정의의 관계를 살펴볼 때도 똑같이 발견되었다. 사람들은 대체로 사랑과 힘의 모순들을 생각하는 것만큼 사랑과 정의가 상충된다고는 여기지 않기 때문이다. 오히려 사랑이란 정의의 내용을 더욱 증대시킬 수 있다고 생각한다. 왜냐하면 사람들은 정의 자체로는 할 수 없는 일을 사랑의 도움으로 해결할 수 있다고 생각하기 때문이다.

예를 들어, 법적 상속권에 대해 생각해 보자. 사람들은 고인의 재산이 상속을 받을 후손들의 법적인 요구에 맞게 분배되는 것을 정의라고 생각한다. 이런 경우에 사랑은 한 상속자가 다른 상속자에게 자신의 재산을 양도하도록 만들 수 있다. 우리는 이런 경우를 정의롭다고 할 수는 없지만, 사랑에 근거한 행동이라고 생각한다. 이렇게 사랑은 정의의 개념을 초월한다.

그리고 이것은 사뭇 명확해 보인다. 하지만 실제로는 그렇지 않다. 만일 정의가 꼭 몫을 정당하게 분배하는 일만 고수하는 제한적인 것이 아니라면, 양도하는 행위는 분명 다른 관점에서, 즉 정당한 몫을 초월한 의미의 정의라고 여겨질 수 있다. 혹은 다른 면에서 생각해보면, 예를 들어 셰익스피어의 작품인 《리어왕》에서 '리어'가 자신의 권력을 딸에게 넘겨준 것과 같은 경우를 본다면, 이것은 사람의 주체성을 꺾는 정의롭지 못한 것이 될 수도 있다.

그러므로 우리가 사랑과 정의의 관계에 대해 생각할 때 사랑이 정의를 위해서, 정의가 가지고 있는 고유한 성격을 뛰어넘는 그 무엇을 줄 수 있다는 생각은 잘못된 오해이다. 우리가 반드시 생각해야 할 것은 정의의 존재론적인 의미만이 두 개념의 관계를 설명할 수 있다는 점이다.

또 다른 예를 살펴보자. 만일 어떤 사람이 "나는 당신이 범죄한 사실을 알고 있습니다. 정의의 관점에서 생각해 보면, 나는 당신을 법정에 넘겨야 합니다. 하지만 나는 기독교인으로 사랑을 제일 중요하게 생각하는 사람입니다. 그러므로 나는 당신을 고발하지 않겠소. 얼른 떠나시오"라고 말했다고 가정해 보자. 우리는 사랑에 대해서 근본적으로 잘못 생각하고 있는 이러한 관대함으로 인해서, 어쩌면 한 사람이 영원히 되돌아 올 수 없는 범법자가 될 수 있다는 점을 명심해야 한다. 이러한 일은 정의롭지 못할 뿐만 아니라 사랑은 더더욱 아니다. 오히려 이것은 부정의한 것이며 단지 감정에 치우진 것일 뿐이다. 그렇다면 이 사람은 법정에 가서 자신의 잘못을 바로잡고 새사람이 될 수 있는 기회를 놓치고 만 것이다. 잘 생각해 보면, 오히려 정의롭게 행동하는 것이 다른 사람을 위한 사랑의 행동이 되는 것이다.

캔터베리의 안셀름에 의해서 발전되어 내려온 속죄에 관한 신학 이론이 이와 같은 정의와 사랑의 긴장 관계를 상징적으로 보여주는 좋은 예이다. 안셀름에 의하면, 지극한 사랑의 하나님은 정의를 실현하기 위해서는 많은 일들이 일어나게 될 사랑과의 갈등을 피하기 위해 한 방법을 찾으셔야만 했다. 하나님은 정의의 법을 직접 만드셨다. 그리고 이 법에 따르면 모든 사람은 영원한 죽음에 처할 수밖에 없다. 하지만 사랑의 하나님에게는 인간을 구원하시려는 마음이 더욱 크셨다.

그래서 하나님은 이런 갈등을 해결할 유일한 대안으로 그분의 아들이신 예수 그리스도를 대속물로 보내기로 결정하셨다. 신학적인 측면에서 보면 상당히 설득력이 떨어지는 생각이지만, 이 이론은 서

구신학에 가장 영향력 있는 이론으로 여겨지고 있는데, 그 이유는 바로 이 이론이 가지고 있는 심리학적인 힘 때문이다. 비록 너무 분명하게 모순된 설명이지만 이 이론은 존재론적인 통찰력을 가지고 있다. 궁극적으로 사랑은 그 진정성을 확보하기 위해서 정의를 충족시켜 주어야 하며, 동시에 영원한 파괴의 부정의를 피하기 위해서 반드시 정의는 사랑과 하나를 이루어 고양되어야 한다는 점이다. 하지만 깊게 생각해 보면, 이 이론은 우리가 그동안 생각해왔던 정의의 원리, 즉 법의 원리와는 거리가 멀다.

사랑이 정의를 더욱 확대시킬 수 있다는 '이론'이 불가능한 것임을 보여주는 예가 한 가지 더 있다. 사랑과 정의의 관계를 구체적인 상황과 연결시켜 볼 때 이러한 점은 명확하게 드러난다. 정의는 원리인 동시에 흔들림 없는 법으로 존재하는 것이기 때문에, 이것은 결코 각각의 상황이 가지고 있는 독특한 특징과 연결될 수 없다. 추상적인 정의만을 추구하면서 내려진 모든 결정들은 필수불가결하게 정의롭지 못하게 되고 만다.

왜냐하면 정의가 추구될 수 있는 유일한 경우는 보편적인 법칙의 요구와 특별한 상황의 요구가 서로 만나는 구체적인 상황에 적절하게 작용할 때뿐이기 때문이다. 생각해 보라. 구체적인 상황에 맞게 참여하는 일은 사랑으로만 가능하다. 이런 점에서 어떤 구체적인 상황을 충분히 고려한 사랑의 행위가 정의를 더욱 확장시키는 역할을 했다고 말하는 것은 완전히 잘못된 것이다.

이런 경우는 단지 정의가 불가능하다는 점을 보여주기 때문에 더욱 그렇다. 실제 상황에서는 사랑이 드러나지 않아야만 정의가 잘 실행된다. 그러므로 우리가 사랑과 정의의 근원적인 의미들을 제대로 이해하려면, 무엇보다도 상황에 대한 존재론적인 분석력을 지니고 있어야 한다. 실제 상황에서는 사랑이 드러나지 않아야만 정의가 잘 실행되기 때문이다.

마지막으로 우리가 힘과 정의의 관계에 대해서 생각할 때, 이제까지 토론해 왔던 것과 똑같이 이 문제가 가지고 있는 중압감이나 혼란스러움을 겪게 될 것은 너무도 명확하다. 법과 질서가 정의의 문제와 어떤 관련이 있는지, 그리고 법, 질서, 정의가 힘과 어떻게 관련이 있는지에 대해 생각해 보면, 우리는 이 문제에 대한 해답이 보인다기 보다는 오히려 더욱 혼란만 가중됨을 경험하게 된다. 여기에서 우리는 중요한 질문에 다다르게 된다: 정의에 대해 설명해야 할 경우 과연 누가 이 법을 제공해 주는가?

법의 문제에 대해서 생각하려면 가장 기본적으로 생각해야 할 것이 바로 '힘'의 문제이다. 하지만 여기에서 우리는 또 다른 질문을 던질 수밖에 없다. 만일 힘을 가지고 있는 그룹이 법들을 만들게 된다면, 과연 이것들이 정의와 어떤 관련이 있게 되는가? 이것들은 단지 이 그룹의 권력에 대한 의지의 표현일 뿐 아닌가? 마르크스주의 이론은 국가의 법은 단지 지배 계급이 사회를 통제하기 위한 수단일 뿐이라고 단언하고 있다.

국가 권력의 기원은 아마도 물리적 힘을 이용한 침략을 통해서나 사회-경제적 계층 구조를 통해서 나오게 되는 것이다. 이런 경우 정의가 가능하려면 국가가 그 권력을 상실하고 서서히 무너지거나 행정부가 바뀜으로 그 정치적인 힘이 교체되어야만 할 것이다. 그러므로 지배 계급의 정의란 부정의일 뿐이다.

더 정확하게 말하자면 이것은 이데올로기일 뿐이다. 법은 사회 질서를 유지할 뿐이고, 다른 대안적인 사회 질서가 서지 않는 한 지배 계급의 법은 혼란을 막기 위한 하나의 차선책일 뿐이다. 이러한 마르크스주의 이론을 조금 더 냉소적으로 받아들이는 사람들은 정의란 겉보기에만 그럴싸한 것으로 단지 힘을 유지하기 위한 하나의 수단일 뿐, 그것에 대한 올바른 판단을 내리는 것은 불가능한 것이라고 설명하고 있다.

하지만 이들은 마르크스주의 이론이 기대하고 있는 부분에 대해서는 고려하지 않은 채, 정의의 의미를 단지 힘의 한 기능으로만 설명하고 있다. 정의에 대한 이와 같은 분석을 뛰어넘어서 하나의 이론적인 원리로 만들기 위해서, 우리는 정의를 힘의 문제와 완전히 분리시켜 스스로 유효한 판단을 할 수 있는 하나의 시스템을 만들어야 한다. 정의란 절대적인 것이다. 즉 정의는 힘의 구조와 연관된 것이 결코 아니다. 법은 자연과 이성의 법칙의 원리들로부터 나온 것으로, 이것이 무엇인가에 대해서 말하는 것이 아니라, 무엇이 되어야 하는가를 요구하는 것이다.

정의는 힘에 대해서는 전혀 개의치 않으면서도 명령을 내리며 복종하게 만든다. 정의란 그것 자체로 효력을 가지고 있기 때문이다. 이렇게 정의는 설명하지 않고 힘에 대한 판단을 내린다. 이상에서 살펴본 것처럼, 힘과 정의의 관계에 대해서 생각하는 일은 매우 어려운 문제이다. 그러므로 우리는 힘과 정의에 대한 근원적인 의미를 토론하기 위해서 그 존재론적인 의미를 찾아 보아야만 한다.

이상에서 나는 '사랑, 힘, 그리고 정의'에 대해 생각하기 위해서 우리가 겪게 될 문제들과 또 이것이 가져올 혼란에 대해 설명하였다.

이것은 마치 정글을 헤매는 것과 비슷하다. 하지만, 동시에 나는 이러한 어려움을 극복할 수 있는 방법에 대해서도 넌즈시 일러 주었다. 그것은 바로 사랑과 힘과 정의에 대한 '존재론적인 분석'이다. 앞으로 각 장에서 이 주제에 대해 계속해서 토론해 나갈 것이다. 그 첫 시작으로 사랑의 의미에 대한 존재론적인 해석을 탐구할 것이다.

PART 02   존재와 사랑

존재론적인 질문

사랑의 존재론

존재론적인 질문

우리는 앞 장에서 '사랑, 힘, 정의'에 관한 여러 문제들에 답하기 위해서는 이 개념들에 대한 존재론적인 분석이 필요함을 생각해 보았다. 즉, 모든 문제들과 혼란스러운 점들을 고려해볼 때, 우선적으로 우리가 대답해야 하는 문제는 바로 이 개념들이 뿌리를 두고 있는 존재-자체에 대한 것이다. 그리고 이 질문은 철학적 존재론에 관한 것이다. 이 문제와 관련하여 각각의 개념에 대한 존재론적인 근원에 대해서 다루기 이전에 다음과 같은 질문들이 제기된다: 과연 그 '근원'이란 무엇을 의미하는가? 또한 각 개념에 관한 '근원적 의미'란 어떤 것인가? 과연 이들과 관련하여 어떻게 존재론적인 질문이 발생하게 되며, 그리고 이 질문에 대해서 어떻게 대답해야 하는가?

존재론이라는 단어 ontology는 그리스어인 '로고스'(*logos*)와 '온'(*on*)이 합쳐진 단어로 '온의 로고스'를 말한다. '온'은 "존재 그 자체"라는 의미를 담고 있으며, '로고스'는 "이성적인(생각하는) 언어"를 의미한다. 우리는 모더니즘의 영향을 받아왔기 때문에, 라틴어 개념 *esseipsum*(존재 자체)나 그리스어 개념 ὄν ἦ ὄν (지금까지 있어 왔던 그대로의 존재)라는 용어들을 이해하는 것은 쉽지 않은 일이다. 우리는 어릴 때부터 유명론(nominalism)적인 생각을 하도록 교육받아 왔다. 이런 경향 때문에 우리는 우리가 뿌리 내리고 있는 세계를 사물들에 빗대어 개념화하려는 경향이 매우 크다. 하지만 이런 경향은 하나의 시대적인 산물일 뿐, 절대로 필수불가결한 것은 아니다. 이에 반해 중세에 널리 퍼졌던 실재론(realism)적인 관점은 일반적인 존재들이 지니고 있는 유효성에 대해 생각하면서 존재에 대해 설명하려고 노력하였다. 근대 세계관에 깊게 뿌리내리고 있는 유명론으로부터 벗어나는 것이 중요한 일이다. 하지만 겉만 핥는 것 같은 유명론으로부터 벗어나려고 실재론적인 관점만을 유지하는 것은 바람직하지 않은 방법이다. 오히려 유명론과 실재론이 시작하기 이전에 가지고 있었던 조금 더 근원적인 관점, 즉 철학이 보편적인 원리나 개별적인 내용들에 대해 분리하여 생각하기 이전의 관점으로 돌아가도록 권한다.

이 철학적인 작업은 그 어떤 것보다도 오래된 것이다. 이것은 고대의 위대한 철학 유산이 축적되기 시작한 때부터 전해 내려온 요소로서 우리가 살고 있는 현시대에도 여전히 중요하게 여겨지는 철학적인 시도들이다. 그리고 지금 여기에서 내가 말하고 싶은 그 철학적인 질문들을 다시 하려고 한다. 어떤 것이 존재한다는 것은 과연 무슨 의미인가? 존재에 참여하고 있는 이 모든 것들이 가지고 있는 특징들은 무엇인가? 이러한 것들이 바로 존재론에 대한 질문들이다.

존재론이란 사물의 본질, 즉 사물의 일반적인 성질, 유전적인 요소, 혹은 개별적인 확실성이나 역사적인 명확성에 대해서 설명하는 것을 의미하지 않는다. 존재론은 천체나 식물, 동물, 사람 등에 대해서 질문하는 것이 아니다. 존재론은 사람이 살아오면서 겪은 다양한 사건들에 대해서 질문하는 것도 아니다. 이런 작업들은 과학적인 분석이며 역사적인 설명일 뿐이다. 존재론은 매우 단순하지만 그 범위가 너무 넓어서 대답하기 힘든 질문들을 던지곤 한다. 과연 존재한다는 것은 어떤 의미인가? 보편적으로 모든 사물이 존재하기 위한 기본적인 구조는 또 무엇인가? 우리는 단순히 존재에 대한 공통적인 구조같은 것은 없다고 말함으로 이 질문들을 피해갈 수는 없다.

존재에 대해 생각하면서 우리는 존재 자체의 질과 요소들을 구성하는 어떤 힘(forces)과 연결된 짜임새를 갖춘 하나의 구조가 있다는 점 또한 부정할 수 없다. 어떤 것이 존재하는 한, 그리고 이것이 각 존재의 질과 요소들을 형성하게 하는 힘(power)을 불어넣고 있는 한, 우리는 분명 하나의 그 무엇이 존재하고 있음을 부정할 수 없다. 하지만 이 하나는 활동력을 상실한 어떤 것이나, 계속해서 반복되는 어떤 것을 말하는 것은 결코 아니다. 이 하나는 그 구조가 매우 복합적이다. 존재론이란 이 복합적인 하나의 구조에 대해 설명하면서 개체가 존재로 되어가는 과정들을 탐구하며 그 속에 숨어 있는 구조를 밝히는 것이다.

여기에서 우리는 한 가지 기억해야 할 것이 있다. 존재론이란 무수히 많은 존재들, 즉 살아 있는 것, 죽은 것, 혹은 유인원과 인간에 대해 서술하는 것이 결코 아니다. 그와 반대로 존재론이란 삶과 죽음에 대해 인간과 관련하여, 즉 모든 존재들을 현실적으로 존재하게 하는 그 모든 것들의 구조를 밝히는 것이다. 그러므로 존재론은 현실에 대한 다른 인지적인 접근들보다 앞서게 된다. 즉 존재론은 시간적인 의미에서가 아니라 논리적인 무게감이나 기초적인 분석 측면에서, 그 어떤 모든 과학적인 작업들보다도 우선한다.

존재론에 관한 기초적인 질문을 던지기 위해서 우리는 과거로 돌아가거나 혹은 다른 장소로 옮겨갈 필요가 전혀 없다. 지금 그 의미를 발견하기 위한 가장 좋은 방법은 존재론에 반대한 철학자들이나 혹은 철학에 반대하는 과학자들과 역사가들의 문헌들을 주의 깊게 분석해 보는 것이다. 이 작업을 하다 보면, 우리는 그들이 쓴 거의 모든 글들에서 존재론에 대한 기초적인 개념들을 쉽게 발견하게 될 것이다. 하지만 이것들은 무의미하게 계속 반복되고 있으며, 많은 경우에 잘못 사용되고 있다는 것을 보게 된다. 그러므로 만일 우리가 무엇을 알고자 한다면 우리는 존재론에서부터 출발해야 한다!

왜냐하면 '알게 된다는 것'은 어떤 사물이 존재하고 있음을 깨닫는 일이기 때문이다. 그리고 이것은 결코 끝나지 않는 존재론적인 작업에 대한 서술을 계속해 나가면서, 존재에 대해 무한히 계속해서 엮어 가게 되는 짜임새 있는 구조를 알아나가는 것이다.

고대 철학자들은 로고스 개념을 사용하여 존재의 본질에 관해 설명했고, 또한 '사랑, 힘, 그리고 정의'에 대해 설명하면서, 혹은 이 개념들과 비슷한 단어들을 사용하며 존재를 설명하려고 했다. 이러한 사실은 그들이 했던 철학적인 작업이 이 책의 목적과 매우 일치됨을 보여준다.

이 세 단어의 연관성은 존재 자체에 대한 삼위일체적인 구조라고 해도 무방할 것이다. 형이상학적으로 생각해 본다면, 이 세 단어는 처음부터 존재와 함께 했다고 해도 과언은 아니다. 이들은 그 어떤 것보다 앞서 있었으며, 또한 그 어떤 다른 것들로부터 발생되어 나오는 것도 아니다. 이 단어들은 자신들만의 고유의 존재론적 위엄을 지니고 있다. 이런 존재론적인 위엄을 지니기 전에, 이 단어들은 이미 신화적인 의미를 가지고 있었다. 즉 이 개념들이 존재에 대해 설명하는 이성적인 기반으로 사용되기 이전에 이 개념들은 신들의 영역에 속해 있었다. 이와 같은 신화적인 요소들은 그것 자체로 이 개념들의 존재론적인 의미 속으로 녹아 들어가 있음을 보여주고 있다. 파르메니데스는 정의의 여신 디케(Dike)를 받아들임으로 진리가 무엇인지 설명할 수 있게 되었다.

왜냐하면 진리란 그것의 전형적인 모습인 정의로 드러나기 때문이다. 또한 그는 존재 자체란 영원한 법에 예속되어 있는 것이라고 설명하였다. 헤라클레이토스는 존재의 로고스란 "세계를 운행하고 도시를 살아 있게 하는 힘"이라고 설명하였다. 그리고 크세노파네스는 마음이란 "존재의 바퀴를 계속 돌아가게 하는 신성한 힘"이라고 설명하였다. 엠페도클레스에 따르면, 운동의 중요 요소들은 미움, 사랑, 분리, 그리고 재결합이다. 이와 같이 사랑, 힘, 정의의 개념들은 존재론을 생각하는데 있어서 계속 반복되는 주제이다. 자신의 사상에 대한 기초를 설명하면서 사랑, 힘, 정의에 대해서 언급하지 않은 고대 철학자들을 찾기란 쉽지 않을 것이다.

플라톤의 이론에 따르면, '에로스'는 진실과 선, 그 자체들을 하나로 연결시켜주는 힘(power)을 지니고 있다고 한다. 또한 모든 사물의 핵심 요소들에 대한 생각들을 해석하면서, 그는 이 요소들을 '존재의 힘'(powers)으로 생각하였다. 한편, 플라톤은 '정의'란 어떤 특별한 덕(virtue)이라기 보다는 개인과 사회를 이어주는 매개체로 보았다. 아리스토텔레스는 우리에게 보편적 에로스의 원리를 가르쳐 주었다. '보편적 에로스'란 모든 것을 가장 고귀하고 순수하게 만드는 실제, 즉 하나의 원인(kinoumenon)이 아니라 개별적 실체(eromenon)의 세계를 향하여 나아가게 만드는 것이다.

이 운동은 가능성에서 실체로, 즉 다이나미스(dynamis)에서 에네르기아(energeia)로 움직이는 것으로, 이 두 용어는 모두 힘

(power)과 관련된 것이다. 아우구스티누스로부터 뵈메, 셸링, 쇼펜하우어에 이르는 사상의 흐름에서 우리는 이러한 경향을 더욱 자세히 알 수 있다. 먼저 힘의 요소가 녹아들어 있는 '의지'의 개념이 상징적으로 사용되고 있음을 보게 된다.

그리고 존재의 로고스에 대한 강조는 이들 철학에 정의의 요소가 녹아들어 있음을 보게 되며, 아우구스티누스와 그 추종자들이 강조하는 사랑의 존재론은 힘과 정의의 문제를 다루는데 있어서 사랑이 가장 중요하게 그 역할을 하고 있음을 보여주고 있다. 헤겔이 그의 철학적인 작업을 사랑에 대한 여러 가지 파편들을 엮어가면서 시작했다는 것은 매우 잘 알려져 있는 사실이다.

그의 대표적 방법론인 '변증법'은 이별과 재결합이라는 사랑의 본질에 대한 확고한 인식에서 출발했다는 사실이 결코 과장된 주장이 아니다. 또한 최근 대두되고 있는 심리치료에 관한 문학작품들에 자주 등장하는 '힘에 의한 이끌림'(power-drive)과 '사랑의 관계'에 대한 설명은 사람들에게 매우 큰 관심을 주는 주제임에 분명하다. 사람들은 걱정과 노이로제에 대해 적절한 대답을 찾기 위해서 사랑에 더 많은 관심을 기울이게 되었다.

위에서 살펴본 것처럼, 역사적인 연구는 우리에게 이 세 가지 토론 주제가 가지고 있는 존재론적인 중요성을 매우 잘 보여주고 있다. 그러므로 이제 방법론적인 질문을 할 차례이다. 우리가 형이상학이라고 부르는 학문적인 방법론과 분리해서, 어떻게 우리는 존재론 자체를 생각할 수 있는가? 이에 대답은 간단하다. 존재론은 형이상학의 기본 토대이기 때문이다. 하지만 형이상학 자체는 결코 아니다. 존재론은 존재에 대한 질문, 즉 어떤 것이 각각의 시간 속에서 모두

에게 의미하는 바가 과연 무엇인가에 대해서 묻는다. 이것은 결코 '사변적이지'(speculative: 이 단어는 다분히 부정적인 의미를 지니고 있다) 않다. 오히려 이것은 항상 기술적인(descriptive) 것으로 우리가 현실 속에서 만나는 다양한 구조들에 대해 설명하는 것이다.

다시 말해서 존재론이란 기술적인 것이지 결코 사변적인 것은 아니다. 이것은 존재에 대한 기본적인 구조를 찾으려고 애쓴다. 존재는 모든 사람들이 자신이라고 생각하는 그 무엇에 대한 인식, 그러므로 존재-자체에 참여하는 것을 말한다. 이런 점에서 존재론은 분석적이다. 존재론은 우리가 매일 만나는 현실을 분석하면서, 한 존재(a being)가 존재(being)에 참여할 수 있게 해주는 구조적인 요소들을 찾으려고 애 쓴다.

존재론은 존재들의 두 가지 요소, 즉 유전적인 독특성을 지니고 있는 실질적인 요소와 보편적이며 일반적인 요소들을 분리해서 생각한다. 존재론은 전자를 각 과학 분야와 여러 형이상학적인 분야에 머물 수 있도록 하며, 동시에 비평적인 분석을 통하여 후자를 더욱 정교하게 만들어 준다. 분명히 이 일은 무수히 반복되는 일이다. 왜냐하면 우리가 매일 만나는 현실은 다함이 없으며, 언제나 존재의 질을 결정하는 존재론적인 토대들과 계속해서 만날 수밖에 없기 때문이다.

다음으로 우리는 또 다른 질문을 접하게 된다. 존재론적인 판단에 대해서 확증할 수 있는 방법은 과연 있는가? 분명한 것은 이 작업이 실험적인 방법이 아니라 경험적인 방법을 통해서 이루어진다는 것이다. 이 방법은 우리가 매일 만나는 현실 속에서 맞닥뜨리게 되는 존재론적인 기본 구조에 대한 인지적인 자각이다. 이 '존재론적인 확증이 가능한가' 하는 질문에 대한 유일하면서도 충분한 대답은 우리가 인지적인 자각에 호소하는 길밖에 없다. 이와 같은 호소에 대해서는 앞으로 계속해서 분석할 것이다.

끝으로 우리는 방법론에 대해서 생각해 보아야 한다. 과연 우리가 사용하여 성공할 수 있는 방법은 무엇인지 그리고 실패하게 되는 방법은 무엇인지에 대해 충분히 고려해야 한다. 왜냐하면 방법과 내용은 결코 분리될 수 없기 때문이다.

사랑의 존재론

사랑과 힘과 정의의 관계에 대한 문제들에 대해서 답변하려면, 개인적으로나 사회적으로 사랑을 감정적인 것으로 이해해서는 그 답을 찾을 수 없다. 힘과 정의의 문제에 접근하는데 사랑이 하나의 감정적인 첨가물 정도로 여겨진다면―이런 경향은 맞지 않은 것인데―, 결코 정의의 법이나 힘의 구조를 바꿀 수 없다. 사회윤리나 정치이론, 혹은 교육 등에서 대표적으로 빠지기 쉬운 함정은 사랑에 대한 존재론적인 특징을 잘못 이해하는 것에서 비롯된다. 반대로 사랑에 대한 존재론적인 특징을 잘 이해하면, 사랑이 정의와 힘과 어떤 관련이 있는지를 제대로 살필 수 있게 될 것이다. 왜냐하면 이 세 개념들이 서로 어떻게 연결되어 있는지, 그리고 이것들의 갈등은 어디에서 비롯되는지를 바르게 파악할 수 있기 때문이다.

삶은 현실 속에 존재하는 것이며, 사랑은 삶을 움직이는 힘이다. 이와 같은 삶과 사랑의 관계가 바로 사랑의 존재론적인 특징을 잘 드러내고 있다. 즉 사랑은 모든 존재를 실재하도록 이끄는 힘이 있다. 사랑의 경험을 통해서 삶의 본질은 더욱 명확해진다. 사랑은 분리된 것들을 하나로 연결시킬 수 있게 만들어 준다. 이러한 재결합 과정을 통해서 우리는 분리되었던 것들이 원래는 하나였음을 깨닫게 된다. 하지만 그렇다고 해서 우리는 재결합 과정과 분리가 서로 같은 존재론적인 의의를 가지고 있다고 생각해서는 안 된다. 단지 분리되었다는 것은 분리되기 이전 모습을 생각나게 하는 역할을 할 뿐이다. 그러므로 하나가 된다는 것은 일치와 분리 모두를 끌어안고 있음을 의미하는 것이다. 이것은 마치 존재가 존재 자체와 비존재로 구성되어 있는 것과 비슷한 원리이다.

한편, 근본적으로 분리되어 있던 것들을 하나로 일치시키는 일은 불가능하다. 궁극적인 소속감 없이 어느 하나가 다른 것과 함께 하는 일치는 일어나지 않는다. 즉, 완전히 이질적인 것이 공동 의식으로 묶여지기란 불가능하다. 하지만 분리된 것들은 재결합하기를 갈망하고 있다. '다른 존재'를 향한 사랑의 기쁨과 자아―성취를 통한 희열은 함께 일어나는 것이다. 나에게 완전히 낯선 것은 나의 자아―성취에 도움이 되지 않는다. 오히려 이것은 나의 존재 영역을 침범해서 나를 파괴할 뿐이다.

그러므로 우리가 깊게 생각해야 할 것은, 사랑이란 낯선 것들이 일치되어가는 과정이라기보다는 헤어졌던 것들이 재결합하는 과정이라는 점이다. 즉, 분리되었다는 것은 하나로 존재했었다는 것을 상정하고 있는 것이다. 사랑이 위대한 이유는 이와 같이 분리하려는 힘(power)을 극복하여 재결합의 과정으로 이끌어 갈 수 있기 때문이다. 가장 쓰라린 분리는 바로 내 자신의 자아가 나로부터 분리되려는 것이다. 나는 나 자신의 자아와 연결되어 있으며, 나를 완성하는 것은 바로 나 자신의 자아를 찾아가는 것이기 때문이다. 우리가 개인이라고 부르는 것은 바로 분리할 수 없고, 또 침범할 수도 없는 독립적인 중심을 형성해가는 과정이다.

완전하게 개인화된 존재가 다른 사람들에게서의 분리는 자아의 완성을 의미하는 것이다. 개인화된 존재가 중심을 잡는다는 것은 다른 개인들 속으로 들어갈 수 없다는 것, 즉 조금 더 높은 일치의 한 단계로 단순하게 편입될 수 없음을 말하는 것이다. 심지어 일치의 단계로 참여할 때조차 이 참여 과정에서 자아는 나누어질 수 없으며, 오히려 참여를 통해 자아는 더욱 큰 존재가 되는 것이다.

여기에서 사랑은 중심을 잡은 자아와 개인들을 재결합하게 해준다. 사랑의 힘은 단순히 어느 것이 완성된 과정으로 편입되는 것이 아니라, 삶의 구성 요소들 중 하나로서 그 자체로 역할을 하게 된다. 가장 완전하게 분리된 존재들, 즉 개인들이 서로 재결합해 나가는 과정을 통해서 사랑의 승리와 성취가 이루어지는 것이다. 개인은 가장 분리되기 쉬운 존재이면서 동시에 사랑의 역동성을 품고 사는 존재이다. 그러므로 우리는 사랑을 단지 감정적인 차원에서 다루는 것을 거부한 것이다.

그러나 감정적인 요소를 완전히 배제하고 사랑에 대해 생각하게 된다면, 이것 또한 사랑에 대한 분석 방법으로 적절한 것은 아니다. 우리가 고려해야 할 것은 감정적인 요소가 과연 사랑의 존재론적 의미와 어떤 연관이 있는가 하는 점이다. 감정으로서의 사랑은 모든 사랑의 관계가 성립되는 곳에서 재결합을 기대하게 만든다. 다른 모든 감정과 마찬가지로 사랑은 어떤 존재가 감정적인 상태에 몰입하게 되었을 때 느끼는 것들을 표현하게 만든다. 사랑의 순간이 다가오면 사람은 재결합에 대한 강한 욕구를 분출하게 되며, 모든 상상력을 동원하여 재결합의 시간이 가져오게 될 행복의 순간을 기대하게 된다.

이런 점에서 사랑의 감정적인 요소는 존재론적으로 다른 요소들보다 먼저 나오는 것이 아니라, 존재론적 차원의 다른 요소들처럼 감정적인 차원에서 사랑을 표현하게 하는 역할을 한다. 사랑은 격정적이다. 즉 사랑은 재결합되기를 바라는 수동적인 측면을 가지고 있다. 예를 들어, 키에르케고르가 언급한 신에 대한 무한한 열망은—결코 성적인 욕구보다도 덜하지 않다—이와 같은 사랑의 객관적인 상황을 고려한 것으로, 원래는 함께 있었지만 떨어져 있게 된 존재들이 사랑 안에서 서로 결합하려는 열망을 보여주는 것이다.

우리는 완성된 사랑의 경험을 바탕으로 사랑의 존재론을 시험해 볼 수 있다. 이 경험은 매우 모호한 것이다. 완성된 사랑이란 가장 행복한 순간인 동시에 그 행복이 이제는 끝났음을 말한다. 이제 더 이상 이별은 없다. 하지만 이별 없는 사랑이나 삶이란 있을 수 없다. 이것이 바로 스스로 선 자아가 계속 사랑 안에서 이별과 재결합을 경험하면서 갖게 되는 인간 관계에서 드러나는 가장 보편적인 모습이다. 동양과 서양문화에서 약간의 차이가 있지만, 가장 고귀한 형태의 사랑은 사랑의 주체인 동시에 사랑의 대상인 개인의 가치를 인정하고 존중해주는 것이다. 이런 점에서 나는 감히 말하자면, 기독교 전통에서 보여주는 개인과 개인의 관계를 통한 사랑이야말로, 다른 종교에서 설명하고 있는 사랑보다 더 사랑의 의미를 잘 보여주고 있다고 생각한다.

또한 사랑의 존재론은 사랑이 하나라는 기본적인 확신으로 우리를 이끌어 간다. 이 확신은 최근 논의되고 있는 사랑의 본성에 대한 논의와는 조금 맞지 않는 것이다. 그럼에도 이러한 논의들은 사랑의 다양한 질에 대해서 주의를 기울일 수 있도록 하기에는 매우 유용한 것이다.

　그러나 이들이 사랑의 질과 형태에 대해서 무엇을 고려하고 있다는 사실은 사랑에 대해 오해를 불러일으킬 소지가 충분하다. 이와 같은 실수는 사랑의 질에 대해서 구분하려는 시도 때문이 아니라, 에로스라는 사랑의 개념 아래에서 사랑에 대한 조금 더 많은 구분을 만들어 사랑을 세분화하려고 하기 때문이다. 물론 이러한 실수는 사랑이 하나라는 이해를 견지하지 않기에 나타나는 것이다. 그러므로 사랑의 존재론적인 분석을 하기 위해서는 사랑과 존재의 관계에 초점을 맞추어 생각하는 것이 매우 중요하다.

　만일 모든 종류의 사랑이 분리된 것들은 결합하려는 경향을 가지고 있다는 점을 인식한다면, 우리는 사랑의 본질에 대해서 각기 다른 질적인 차원이 있음을 이해할 수 있게 될 것이다. 전통적으로 우리는 질적으로 가장 낮은 형태의 사랑을 '욕망'(*epithymia*)이라고 생각한다. 그리고 이러한 욕망은 성적인 측면에서 만족감을 얻으려는 것을 의미한다. 그러나 철학과 신학의 영역에서 도덕주의자들은 이런 종류의 욕망보다 더 고귀하고 근본적으로 다른 무엇이 있다고 생각한다.

　한편, 자연주의자들은 질적인 차원의 다른 것을 생각하기 이전에 욕망을 사랑의 가장 근본적인 것이라고 여긴다. 이와 같은 의견 차이를 극복할 수 있는 유일한 길은 사랑에 대한 존재론적인 해석뿐이다. 무엇보다도 나는 라틴어 '리비도'(*libido*)가 단지 쾌락을 욕망하는 것으로 이해하는 것은 잘못된 것임을 지적하겠다. 이와 같은 쾌락주의적인 정의는 존재론에 대한 몰이해에서 비롯한 잘못된 심리학으로부터 오는 것이다. 사람은 자신이 분리되었다는 점을 인식하고, 그렇기 때문에 자신이 속해 있던 곳으로 되돌아가려는 재결합을 갈망하면서 살아가고 있다. 이것은 사람뿐만 아니라 모든 살아 있는 생물들이 가지고 있는 경향이다. 살아 움직이는 모든 것은 먹고, 운동하고, 성장하면서, 공동체에 소속되려는 것과 똑같이 성적 결합도 원한다. 이러한 욕망들이 충족되었을 때에 쾌락이 따라오는 것이다. 하지만 이 쾌락은 욕망 자체에서 오는 것이 아니라, 욕망이 충족되어 함께 결합되었을 때 오는 것이다. 확실히 욕망이 충족되면 쾌락을 느끼게 되고, 반대로 욕망이 좌절되면 고통을 느끼게 된다.

그러나 만일 우리가 고통과 쾌락의 원리를 생각하면서 삶이란 단순히 고통을 멀리하고 쾌락을 충족시키기 위한 것이라고 여긴다면, 이것은 분명 삶의 실제적인 과정들을 왜곡하는 일이 될 것이다. 그리고 이러한 왜곡은 삶을 부패하게 만든다. 고통과 쾌락의 이러한 원리는 삶을 뒤틀어지게 만들 뿐이다. 올곧은 삶은 원하고 있는 바를 얻으려고 애쓴다. 즉 비록 몸은 어떤 곳에 있는 것처럼 보이지만, 실제로는 존재적으로 분리되어 있던 곳에서 벗어나 원래의 자리로 돌아가 결합하기 위해 노력한다. 이런 점에서 우리는 리비도에 대한 편견을 벗어 던져야 한다. 프로이드의 리비도 이론은 한편으로는 용납될 수 있지만, 다른 한편으로는 거부되어야 한다. 프로이드가 '리비도'란 "개인이 그의 삶의 갈등들을 제거하기 위한 욕망"이라고 설명한 것은 왜곡된 접근이기 때문이다.

그리고 그는 무한한 것으로부터 죽음에 대한 본능을 끌어내면서 자신의 이러한 생각을 암묵적으로―하지만 의도적이지는 않았다― 확인하였다. 그에 따르면 리비도는 단 한 번도 충족된 적이 없었다. 리비도는 왜곡되고 스스로를 소외되게 만들어 놓은 인간 삶의 한 단면일 뿐이다. 하지만 프로이드가 이렇게 설명한 이유는 많은 청교도들과 함께 지내면서 정상적인 리비도가 활기 있는 자아-성취로 이끄는 면이 있음을 간과했기 때문이다. 이와 같은 분석을 통해서 욕망도 다른 사랑들이 가지고 있는 질적인 측면을 똑같이 가지고 있음을 알 수 있다. 그리고 이러한 점에서는 자연주의자들의 접근이 옳은 측면도 있다. 하지만 만일 이들이 리비도와 욕망을 단지 쾌락을 위한 욕구를 채우는 것으로 해석한다면 그것은 분명히 옳은 것이 아니다.

한편, 아가페와 에로스 관계를 비교하면서 에로스와 욕망을 같은 것으로 취급하려는 경향을 본다. 물론 모든 에로스에는 욕망을 채우려는 측면이 있다. 하지만 에로스는 욕망을 초월하는 그 무엇이다. 이것은 각각의 존재가 지니고 있는 가치를 소중하게 여기면서 그와 같은 존재들과 결합하기를 원한다. 에로스는 때로는 자연의 아름다움으로, 때로는 진실을 담고 있는 문화의 미적인 형태로, 때로는 모든 아름다움과 진실의 원천과 신비로운 연합을 통해서 발현된다.

즉 사랑은 자연과 문화의 형식으로, 혹은 두 가지 모두의 신적인 원천들과 더불어 연합하기를 갈망하는 것이다. 만일 욕망이 생명력 넘치는 자아-성취의 욕구로 채워진다면, 분명히 욕망은 에로스적인 사랑과 같은 것이라고 보아도 된다. 하지만 이것이 단지 결합을 통한 쾌락을 충족하는 정도로 여긴다면 에로스와는 거리가 멀다. 에로스적인 사랑에 대한 오해는 크게 두 가지 면에서 드러난다. 사랑으로서의 에로스를 평가절하하는 경향은 문화의 가치를 크게 생각하지 않는 신학자들과, 신과 사람의 신비한 연합을 부정하는 사람들에게서 드러난다. 마치 어떤 사람이 문화에 대한 거부감을 표현하기 위해서는 반드시 문화의 산물인 언어를 사용해야 하는데, 이러한 보기에서 드러나는 것처럼 어떤 사람이 문화를 평가절하하기 위해 문화적인 산물을 이용하는 것은 마치 자아를 부정하는 것과 같은 것이기 때문이다.

진실을 향한 에로스가 없다면 신학은 설 자리를 잃게 되며, 아름다움에 대한 에로스가 없다면 종교 의식에 사용되는 어떤 표현도 만들 수 없다. 사랑에 대한 에로스적인 면을 간과한다면 더욱 심각하게도 우리는 신에 대한 경외심도 잃게 되고 말 것이다. 이러한 거부의 결과로 신에 대한 사랑은 전혀 이해하기 힘든 개념이 되며 단순히 신에 대한 무조건적인 복종만 남을 뿐이다. 하지만 이러한 복종이란 사랑과는 거리가 멀다. 오히려 이것은 사랑의 반대이다. 사람에게 근원적인 것과 연합하려는 욕망이 없다면, 신에 대한 사랑이라는 말은 그저 의미 없는 울림일 뿐이기 때문이다.

에로스적인 사랑의 개념과 반대편의 정점에 서 있는 개념은 '필리아'(philia)이다. 에로스가 한쪽 축에서 개인적인 범위를 넘어선 사랑을 대표하는 것이라면, 필리아는 다른 한쪽 축에서 개인적인 사랑을 표현하고 있다. 이 둘은 다른 한쪽 없이는 존재할 수 없다. 필리아 안에는 에로스적인 사랑이 있고, 에로스 안에도 필리아적인 사랑이 녹아들어 있다. 이 둘은 마치 한쪽 극점과 다른 쪽 극점이 존재하는 양식을 띠면서 서로 간에 뗄 수 없는 관계를 형성하고 있다.

이것은 자기-중심적인 자아의 근본적인 분리 없이는 창조적, 혹은 종교적인 에로스란 불가능함을 의미하는 것이다. 비록 에로스와 필리아는 모두 욕망과 연결되어 있지만, 개인이 중심을 잡지 않은 그 어떤 존재에게도 에로스는 가능하지 않다. 다시 말해서 어떤 사람이 자신을 나와 다른 사람의 관계 속에서의 존재로 생각하지 않는다면,

그 사람은 결코 자신의 존재 근원이 되는 진실이나 선함 혹은 존재의 토대와 연결될 수 없게 된다. 친구를 사랑할 수 없는 사람은 궁극적인 현실 속에 드러나는 예술적인 표현도 사랑할 수 없다.

키에르케고르가 주장한 심미적, 윤리적, 종교적인 단계란 단순한 순서의 상하 관계적인 측면을 말하는 것이 아니라, 구조적으로 서로 의존하고 있는 질적인 측면을 말하는 것이다. 반대로 필리아는 에로스에 의존되어 있다. 모든 필리아적인 관계에서 참여나 친교와 같은 개념들은 질적으로 에로스적인 측면이 있다. 이것은 완전한 분별력과 이해력을 지니고 있는 존재, 즉 그 어떤 비교조차 할 수 없는 유일한 존재인 개인이, 자신이 지니고 있는 선과 진실의 가능성을 구체화할 수 있는 현실적인 힘(power)과의 연합을 갈망하게 만든다.

그러나 에로스와 필리아는 단순히 개인적인 관계의 연합에서만 이루어질 뿐만 아니라, 사회적인 그룹들의 친교 속에서도 이루어진다. 가정이나 국가의 다양한 그룹들에서 종종 필리아 형태의 특별한 관계가 부족한 경우도 있지만, 참여의 욕구는 이 그룹들 안에서 독자적으로 존재의 힘을 형성하게 한다. 중요한 사실은 이와 같은 그룹들은 모두 너와 나의 관계가 잠재적으로 주어져 있는 개인들로 구성되어 있기 때문에, 그룹 안에서의 에로스와 예술 창작과 같은 현실적으로 유용하게 받아들여지는 형태의 에로스와는 구분되어야 한다는 점이다. 필리아로서의 사랑은 사랑에 대한 객관적인 설명들에 익숙해져야만 가능하다.

그래서 아리스토텔레스는 필리아가 가능하려면 서로 동등한 관계가 유지되어야 한다고 말한 것이다. 동등하다는 것은 특이한 그룹 안에서 통용되는 어떤 것이 아니라, 일반적으로 모두 받아들여지는 개념을 말하는 것이다. 우리가 살펴보았듯이, 에로스와 필리아는 모두 욕망이라는 요소를 함께 가지고 있다. 필리아와 에로스의 가장 확실한 예를 우리는 이성에 대한 애정이나 성적 만족감으로 설명할 수 있다. 곰곰이 생각해보면 사랑의 이러한 측면은 에로스와 필리아의 경우에만 해당되는 것이 아니라, 우리 삶의 거의 모든 경우에 해당되고 있다.

이런 점에서 심리학자들은 인간 존재가 단순히 이상적이거나 도덕적인 차원의 기초 조건들과 그에 대한 두려움 등에 의해서 규정되는 것이 아니라는 점을 역설하였다. 다른 존재들과 결합을 통해서 자신을 채우려는 기본 욕구(appetitus)는 일반적인 것일 뿐만 아니라, 에로스와 필리아적인 사랑의 형태에도 그대로 녹아들어 있다. 여기에 충동적인 요소가 녹아 있게 되는데, 아주 돈독한 친구의 우정에도, 혹은 심미적 신비주의를 추구하는 경우에서 이런 요소가 스며 있다. 심지어 성인이라 할지라도 이러한 측면을 이해하지 못한다면 성스러움의 의미를 깨달을 수 없을 것이다.

사랑의 질에 대해 생각하면서 우리는 신약성서에 나오는 '아가페'를 빼놓을 수 없다. 하지만 아가페는 사람들에게 별로 주목받지 못하는 개념이다. 이런 경향은 사람들이 아가페가 가장 지속적이고 고귀한 사랑이라는 점을 몰라서가 아니라, 아가페가 인간을 삶과 사랑의 가장 깊은 차원으로 이끌고 간다는 사실을 깨닫지 못하기 때문이다. 만일 이러한 점을 깨닫는다면 아가페가 가장 깊은 사랑이며 삶의 근본을 일깨워주는 사랑임을 알게 될 것이다. 또한 아가페야말로 가장 궁극적인 삶의 실체로 인간의 삶과 심지어 사랑까지도 변화시킬 수 있는 힘을 가지고 있다는 것도 알게 될 것이다. 마치 계시를 통해서 하나님 자신이 말씀이 되어 인간이 이해할 수 있는 이성의 차원으로 내려온 것과 같이, 아가페 사랑 또한 사랑이라는 추상적인 개념을 구체적인 사랑으로 존재하게 만든다.

아가페에 대해서는 마지막 장에서 더욱 깊게 다룰 것이다. 여기에는 첫장에서 우리가 주목했던 자아-사랑이라는 개념에 대해서 조금 더 생각해 보아야 한다. 만일 사랑이 분리되었던 존재가 결합하는 것이라면, 자아-사랑의 의미를 생각하는 일은 어려운 것이 될 것이다. 왜냐하면 자아-의식 속에서의 결합 혹은 일치의 측면을 생각해보면, 사실 엄밀한 의미의 분리는 존재할 수 없기 때문이다. 아니 그보다는 자아-중심적 존재인 인간은 모든 다른 존재로부터 분리되어 있는 것이라고 말하는 것이 정확하다. 완전히 자아-중심적 존재인 사람은 자신의 자아를 주체와 객체로 분리하여 생각하기 때문에 자아-중심적일 수밖에 없다.

이런 측면에서 생각해 보면, 완전한 분리도 그리고 재결합의 욕구도 찾을 수 없다. 여기에서 우리는 중요한 사실을 생각해야 한다. 이것은 바로 자아-사랑이라는 개념은 은유적인 표현일 뿐, 하나의 실제적인 개념으로 파악해서는 안 된다는 점이다. 자아-사랑이라는 개념이 명확하지 않은 이유는 세 가지 측면에서 드러난다. 자연적인 자기-확인(self-affirmation, 예를 들어, 네 이웃을 네 몸과 같이 사랑하라는 말씀), 이기심(selfishness, 모든 것을 자기 중심으로 끌어들이려는 마음), 그리고 자아-수용(self-acceptance, 신에 의해서 인정받고 있다는 확신)에 대한 의식 등이 이러한 측면들이다. 만약에 '자아-사랑'이라는 용어를 완전히 지워버리고 자기-확인, 이기심, 혹은 자아-수용이라는 말로 바꾸게 된다면, 우리는 조금 더 중요한 단계, 즉 의미론적인 명확성을 찾을 수 있는 단계로 넘어갈 수 있게 될 것이다. 이 부분에 대해서는 앞으로 조금 더 깊게 논의할 것이다.

PART 03　존재와 힘(Power)

존재의 힘(Power)과 존재

힘(Power)에 대한 현상학적 설명

힘(Power)과 강요

사랑과 힘의 존재론적인 일치

존재의 힘(Power)과 존재

우리는 지금까지 존재론의 기능에 대해서 토론하였다. 존재론은 존재가 존재되게 하는 구조를 밝히는 것으로, 모든 존재를 현실 속으로 참여하게 만드는 것이 무엇인지에 대해 계속 생각해야 하는 끊임없는 과제이다. 그러나 나는 여기에서 존재론적인 구조에 대한 범주와 양상들에 대한 서술보다는 존재에 대해서 조금 더 근본적인 질문을 하려고 한다.

이 질문에 대한 대답은 단순하지 않다. 존재란 서술되는 것이지 정의를 내릴 수 있는 것이 아니기에 어쩌면 그 대답을 찾기란 불가능할지도 모른다. 이와 같은 존재의 성격 때문에 어떤 면에서는 존재가 가지고 있는 개념이나 은유적인 표현들을 살펴봄으로 이 문제에 대한 긍정적인 대답을 찾을 수도 있다. 즉, 만일 각각의 개념들이 어떻게 실제로 작용할 수 있는지를 살필 수 있다면, 우리는 그 답을 찾을 수 있게 될 것이다.

그리고 나는 이 답을 찾기 위해서 사람들이 자신들의 일상 가운데에서 시시각각으로 겪어야 하는 힘(power)의 문제를 생각할 것을 제안한다. 여기에서 내가 제안하는 것은 우리가 그동안 생각해온 세 개념들의 삼각구조 안에 들어 있는 하나로서 힘(power)과 존재의 근본적인 관계에 대해 생각해 보자는 것이다. 사실 이제까지 존재의 기초에 대해 생각하면서 존재론 속에 들어 있는 '사랑, 힘, 정의'의 개념들이 지니는 중요함에 대해서 토론하였다. 이를 바탕으로 우리는 이미 힘(power)이라는 개념이 사람의 궁극적인 현실에 얼마나 중요한 역할을 감당하고 있는지에 대해 살펴보았다. 우리는 아리스토텔레스와 아우구스티누스의 전통을 살펴보면서, 힘이라는 요소가 어떻게 존재를 존재되게 하는데 결정적인 역할을 하고 있는지를 생각해 보았다. 이런 관점을 가장 잘 보여주고 있는 철학적 개념은 니체의 '권력에의 의지'(will to power)이다. 권력(power)의 존재론적인 의미를 살피기 위해서 우리는 니체의 생각을 더 깊게 살펴볼 필요가 있다.

나는 하이데거의 《정글길》(Forest Roads)을 통해서 니체의 '권력에의 의지'에 대한 이해를 깊게 할 수 있었다. 만일 우리가 이 단어들의 평범한 뜻을 생각하면서, 이것이 의지나 혹은 권력에 대해서 말하는 것이라고 생각한다면 이 개념을 잘못 이해하고 있는 것이다. 비록 권력에의 의지라는 개념이 자아-통제의 의지와 같은 방식으로 사람의 의식적인 행동을 분명하게 보여주는 것으로 사용되고 있지만, 니체가 말하는 의지란 결코 심리학적인 개념이 아니다.

니체의 권력에의 의지란 쇼펜하우어 생각과 비슷한데, 삶에서 자아-확신의 강한 열망을 표현해주는 것이다. 다른 궁극적인 실체에 대한 설명들과 마찬가지로, 이것은 문자적인 의미와 은유적인 의미를 동시에 가지고 있다. 니체의 '권력에의 의지'라는 개념 속에 있는 권력의 의미에 대해서 우리는 이와 같은 방식으로 생각해야 한다. 존재론적인 힘(power)에 대한 의미를 생각할 때 권력의 사회학적인 의미가 가장 두드러지는 것은 명확한 일이지만, 그렇다고 해서 권력에 대한 니체의 생각이 사회학적인 의미만 담고 있는 것은 아니다. 사회학적인 힘, 즉 개인이 어떤 사회적인 저항을 하고자 하는 의미의 힘(power)이 니체가 말하고 있는 권력(power)에의 의지의 가장 중요한 내용은 아니다.

니체의 기본 생각은 우리가 살면서 깨닫게 되는 더 깊고 넓은 존재 자체의 의미에 대한 것이다. 즉, 니체의 권력에의 의지는 결코 다른 사람을 지배하려는 힘을 의미하는 것이 아니라, 삶의 내부로부터 혹은 외부로부터 오는 갈등을 극복함으로 자아-초월의 역동성을 경험하면서, 개인의 삶 속에서 자아를 확인해 나가는 것을 의미하는 것이다. 우리는 이와 같은 니체의 '권력에의 의지'에 대한 해석을 통해서 권력의 존재론적인 구조를 쉽게 이해할 수 있다.

여기에서 나는 처음 던진 질문을 다시 제기하려고 한다. 존재의 본질에 대해서 우리가 근본적으로 말할 수 있는 것은 무엇인가? 우리는 이 대답을 다음과 같이 생각하였다: 정의할 수 있는 것은 아무 것도 없다. 단지 우리가 할 수 있는 것은 은유적인 암시를 살피는 일이다.

그리고 우리는 같은 방법으로 힘에 대해서 생각해 보았다: 존재가 존재되도록 이끄는 것이 바로 힘이다. 하지만 이와 같은 은유적인 의미를 살펴보는 과정 중에도, 우리는 힘에 대해서 미묘한 무엇인가가 있다는 것을 감지하게 된다. 우리는 살아가면서 내적 혹은 외적으로 겪을 수 있는 갈등을 극복하는 가운데 갖게 되는 자기-확인에 대해 이야기 하였다. 여기에서 우리는 또 다른 무엇에 대한 질문을 던져야 한다. 만일 모든 존재가 존재의 힘 속에 속해 있다면, 과연 무엇이 이 존재의 힘에 저항할 수 있는가?

만일 존재를 존재할 수 있게 하는 모든 장소가 존재의 힘에 의해서 형성되었다면, 과연 이 힘이 극복되어야 하는 또 다른 장소는 어디에 있는가? 계속해서 존재를 부정하려 하고, 마침내 존재가 부정되도록 만들 수 있는 것은 과연 무엇인가? 이 질문들에 대한 가장 적절한 대답이 여기에 있다. 존재의 힘에 의해서 극복되어야 하는 그것, 즉 존재의 힘이 저항해야 하는 것은 바로 비존재(non-being)이다. 이러한 사실은 철학의 여명이 트기 이전에 이미 철학자들에 의해서 오래전부터 제기되어온 것으로 인류의 문화와 시간 속에서 반복되고 있으며, 오늘날 실존주의 철학에 의해서 새롭게 조명되고 있다.

만일 우리가 이 대답을 다시 서술하려고 한다면, 먼저 존재가 지니고 있는 실존적인 미스터리, 즉 존재론적인 역설을 깨달아야 한다. 이 역설은 존재하고 있는 어떤 것도 비존재에 대한 수수께끼를 풀 수 없다는 점, 즉 어떤 존재도 비존재의 흔적을 지니고 있지 않다는 점이다.

비존재란 물리적인 형체가 없는 것, 즉 아무것도 존재하지 않는 것을 의미하기 때문에, 결코 비존재에 대해 질문할 수 없다. 어떻게 비존재가 존재에 저항할 힘을 가질 수 있겠는가? 존재하지도 않는 것이 존재 안에 들어와 있다는 것은 어불성설이기 때문에, 어쩌면 '존재의 힘'이라는 표현은 아무 의미가 없는 것이 아닌가? 하지만 우리는 이와 같은 논리적인 분석이 섣부른 결론을 내리고 있다는 점을 간과해서는 안 된다. 만일 이러한 논리가 사용되면서 아무런 의미 없는 문장을 계속 남발하게 된다면 말이다.

그리고 존재론에 대한 설명이 이와 같이 어설프게 진행된다면 모든 존재론은 그 의미를 잃게 되며, 결국 지금까지의 철학적인 유산들도 거부되고 말 것이다. 실제로 논리란 이러한 오류에 빠질 위험을 지니고 있다. 그렇지만 나는 확신한다. 이러한 논리 추종자들은 결코 과거로부터 내려오는 철학적인 유산들을 위험에 빠뜨릴 수 없다. 오히려 그들이 설 자리를 잃게 될 것이다.

어떻게 비존재가 존재의 힘에 저항하는가라는 질문에 대답하려면 우리가 먼저 깨달아야 할 것이 있다. 비존재란 존재 밖에서 존재와 멀어지게 하는 무엇이 아니라, 모든 존재들이 가지고 있는 한 속성으로 존재 안에 있으면서 존재를 부정하려는 것을 말하는 것이다. 다시 말해서, 비존재란 존재 자체 안에 있으면서 존재를 부정하는 것이다. 물론 이것 역시 은유적인 표현이다.

하지만 은유적인 표현이라고 해서 무시할 것이 아니라, 이 속에 숨어 있으면서 드러내고 있는 그 숨은 의미를 올바로 읽어야 한다. 비존재적인 존재라는 말은 존재의 유한성을 말하는 것이다. 유한하다는 것은 모든 존재는 언젠가는 존재하지 않게 되는 시간이 온다는 것을 말하는 것이다. 모든 존재는 시작과 끝의 사이에서, 즉 존재하기 이전에 존재하지 않았던 시간과 존재가 사라진 이후의 시간—비존재의 시간—에 둘러 쌓여 존재하면서 제한적인 힘을 누리며 살고 있다.

이것이 위의 질문에 대한 첫 번째 대답이다. 두 번째 대답을 찾기 위해서 우리는 존재와 비존재 사이에서 어떻게 존재가 비존재를 이기고 있는지 그 이유를 생각해 보아야 한다. 이것을 위해서는 논리적이면서도 실존적인 대답이 요구된다. 논리적으로 따져보면 비존재가 존재를 부정하는 행태로만 가능하다는 점은 너무나 명확한 사실이다. 다시 말해서 논리적으로 존재는 비존재에 앞서 있는 것이다. 또 다시 다른 논리로 생각해보면, 어떤 존재가 끝을 향해 가고 있다는 것은 바로 그 존재가 어떤 끝보다 앞서 존재하고 있음을 말하는 것이다. 부정적인 것이 우세하게 되는 길은 긍정적인 것의 존재를 부정하는 것이다. 하지만 이와 같은 설명이, 우리가 조금 전에 생각해 본 문제, 즉 존재가 비존재보다 우월하다는 관점에 대해서는 만족한 대답을 주지 못하고 있다. 존재와 비존재의 관계를 생각할 때 어느 한쪽이 우월하다고 말하는 것은 어려운 일이며, 또한 이 둘이 서로 조화롭게 존재하고 있다고 설명하는 것도 최선은 아니다.

이 문제에 대해서는 실존적인 대답을 생각해 보아야 한다. 실존적이라 함은 이것이 우리의 신념이나 용기와 관련되어 있음을 말하는 것이다. 우리의 신념 속에 깊게 자리잡고 있는 용기는 궁극적으로 존재가 비존재보다 우선해야 한다는 점에 대한 확신이다. 우리는 또한 유한한 모든 것에 무한성이 내재해 있음을 확신하고 있다. 그리고 마치 비존재가 존재에 대한 부정에 기초하고 있는 것처럼, 이러한 용기에 기반하고 있는 신학은 유한성에 대한 인식을 보여주려고 노력한다. 이 유한성에 대한 인식은 유한한 것으로 보이는 어떤 곳을 넘어서는 또 다른 곳이 있음을 상정하는 것이다.

이런 장소를 차지하려는 행동은 용기와 관련되어 있는 것이지, 결코 이성적인 작용은 아니다.

모든 존재는 스스로의 존재를 확신하고 있다. 존재가 살고 있다는 사실 자체가 바로 자기-확인이다. 심지어 자기-확인의 한 형태로 스스로 자신을 포기(self-surrender)하는 일이 있다 하더라도 이것 역시 확신의 한 모습일 뿐이다. 모든 존재는 자신을 부정하는 것에 저항한다. 존재의 자기-확인은 존재를 존재하게 하는 힘과 연결되어 있다.

　사람에게 이런 힘은 다른 동물들보다 더욱 크며, 어떤 이에게는 이런 힘이 다른 사람들보다 더욱 크게 드러나기도 한다. 살아가면서 이 힘이 점점 더 강해지면서, 사람은 자신의 존재가 파괴되지 않는 범위 내에서 비존재를 자기-확인의 한 부분으로 맞아들이게 된다. 신경이 쇠약한 사람은 비존재에 대해서 크게 감지하지 못하며 살아간다. 보통 사람들은 제한된 범위 내에서 이런 것을 느끼지만, 창조적인 사람은 상당히 많은 범위에서 비존재를 경험한다.

　그리고 상징적인 의미에서 신은 존재와 비존재의 경계를 두지 않는다. 존재의 자기-확인이란 비존재를 극복하고 있는 존재의 힘에 대한 표현이다. 여기에서 우리는 힘(power)이라는 개념의 유래를 살필 수 있다. 힘은 내적 혹은 외적인 존재 부정의 현실을 넘어서 자신을 확인하는 자기-확인의 가능성이다. 즉 힘은 비존재를 극복하는 가능성이다. 그러므로 인간의 힘이란 무한하게 퍼져 있는 비존재를 극복하려는 사람의 가능성을 말하는 것이다.

　역사와 철학을 살펴보면, 특히 플라톤 학파의 전통에서 존재의 계층적 단계에 대한 설명이 종종 발견된다. 이 개념은 어렵기도 하거니와 아주 소모적인 논쟁을 일으킨다. 만일 존재가 시간과 장소에 따라 그 단계가 결정되는 것이라면 우리의 토론은 무의미한 것이 되고 만다. 존재에 계층이란 있을 수 없다. 하지만 존재를 존재하게 하는 힘을 고려해 본다면, 이와 같은 설명에 일면 타당성이 있다. 위에서 언급했듯이, 자기-확인의 과정에서 비존재의 힘에 대응하는 힘의 방식에는 분명히 개별 존재마다 차이가 있기 때문이다.

힘(Power)에 대한 현상학적 설명

만일 존재의 힘에 단계적인 구조가 존재한다면 우리는 다음과 같은 질문을 던져야 한다. 존재의 힘이 어디에서 분명하게 드러나고 있으며, 또 그 힘의 크기를 어떻게 측정해 볼 수 있는가? 존재의 힘은 존재가 그 힘을 실제로 사용하는 과정을 통해서 명확해진다. 우리는 이러한 과정을 살펴봄으로 그 힘을 측정할 수 있을 것이다. 즉 우리가 힘을 측정할 수 있는 길은 그 실현(actualization)하는 과정을 통해서만 가능한 것이다.

이것은 바로 어떤 존재가 힘을 가진 다른 존재를 만나는 중에 힘의 균형이 어떻게 변화되고 있는지를 살펴보는 일이다. 삶이란 이와 같이 역동적으로 살아가는 존재들의 구체적인 모습이다. 삶의 역동성은 우리가 살아가면서 삶의 기본적인 비전들로부터 유추할 수 있는 해결 방법들에 대한 시스템을 말하는 것이 아니다. 삶의 과정에서 보면 유추할 수 있거나, 선험적이거나(*a priori*), 최종적이라고 말할 수 있는 것은 아무것도 없다. 단지 삶의 역동성을 가능하게 만드는 구조가 있을 뿐이다. 삶이란 계속되는 결정의 과정인데, 이 결정은 우리가 꼭 의도적으로 내리는 결정만을 말하는 것이 아니라, 우리 삶에서 힘과 힘이 충돌하게 되었을 때 내려야만 하는 결정을 말하는 것이다.

어떤 힘을 대표하는 사람과 다른 힘을 대표하는 사람이 만나게 되면, 두 존재는 자신들이 가지고 있는 힘을 얼마만큼 사용해야 할지를 결정해야 하는 상황에 놓이게 된다. 이러한 결정은 결코 선험적인 것이 아니라 오히려 일시적인 것이다. 모든 사람과 사물의 힘은 그것이 현실 속에서 실제적으로 드러나기 전까지는 숨겨져 있기 때문에, 사람이든 사물이든 수많은 현실을 접해야 하며 그 속에서 때로는 위험을 감수하기도 한다.

존재의 힘들이 서로 부딪치면서 발생하는 형식들의 전형적인 패턴을 연구하는 것은 인간 개인의 삶 이면의 초월적인 현상들에 대해서 설명하기에는 아주 좋은 주제이다. 그래서 이 주제는 계속해서 사람들의 주의를 끌고 있다. 그리고 이 주제는 앞으로 나가기도 하고 뒤로 물러서기도 하며, 서로 맞서기도 하고 또 때로는 저항하면서, 함께 살아가고 있는 다른 사람들의 삶을 만날 수 있게 해준다. 이런 설명을 통해서 우리는 어떻게 힘이 새롭게 재구성되는지를 볼 수 있다.

사람은 다른 이들의 힘을 자신 속으로 끌어들이면서 때로는 자신의 힘이 강해지는 경험과 약해지는 경험을 하기도 한다. 사람은 외부의 힘을 밀어내기도 하고, 또 완전히 자신의 것으로 만들기도 한다. 사람은 저항하는 힘을 변형시키기도 하고, 또 때로는 자신을 그 힘에 적응시킨다. 사람은 다른 힘들에 완전히 흡수되어서 자신의 힘을 잃기도 한다. 이러한 과정을 통해서 사람은 함께 성장하면서 자신의 힘을 키워 나간다. 그리고 이런 과정은 삶의 현실 속의 모든 관계에서 반복된다. 자연과 자연, 자연과 사람, 사람과 사람, 개인과 단체, 그리고 단체와 단체 사이에 이와 같은 힘의 흐름은 계속되고 있다.

사르트르는 대표작인 《존재와 무》(*Being and Nothingness*)에

서 사람이 다른 사람을 만나는 과정을 분석하면서, 그 가운데 드러나는 힘의 구조에 대해 분석했으며 또한 사랑의 관계에 대한 복잡한 형태들에 대해 설명하였다. 이 설명을 통해서 우리는 존재의 힘들이 계속 투쟁하고 있음을 깨닫게 된다. 이것은 굳이 적대감이나 노이로제, 또는 평화 이데올로기 등에 대해서 생각하지 않더라도 깨달을 수 있는 것이다.

이것은 우리의 삶의 과정 중에서 우리가 흔히 말하는 '천국' 또는 '지옥'과 같은 경험들에 대한 설명이 되기도 한다. 중요한 것은 이러한 것들이 존재의 구조를 말해주고 있다는 점이다. 예를 들어 토인비는 대표작인 《역사의 연구》(*The Study of History*)에서 역사적 사건들에 대한 힘의 구조에 대한 현상들에 대해 설명하였다. 그가 제시한 '도전과 응전', '빼앗김과 귀환' 등의 카테고리들은 이러한 힘의 현상적 구조에 대해 설명하고 있는 것이다.

이러한 현상은 단순히 사람과 사람 간의 관계에서만 보이는 것이 아니라, 사람과 자연의 관계에서도 드러난다. 왜냐하면 사람이 자연을 만나고 이것을 개발하는 과정 속에서 이런 현상을 볼 수 있기 때문이다. 그리고 역사가들이나 심리학자들의 작업을 통해서도 우리는 힘의 관계에 대한 현상적 구조를 충분히 파악할 수 있다.

토인비의 설명을 통해서 우리는 개인과 그룹 간의 역학 관계에 대해 분석할 수 있다. 개인화(individualization)와 참여(participation)의 모순 구조는 존재의 성격에 대해 잘 말해주고 있다. 이것을 통해서 우리는 개인이 전체를 어떻게 포용하면서 힘을 획득해 나가는지를 보는 가운데, 모든 존재가 어떻게 실존하는 것에 대해서도 깨닫게 된다. 전체를 포용한다는 것은 힘의 전체적인 구조를 파악하는 것을 말하는 것인데, 이런 과정을 통해서 개인은 존재의 힘을 얻으며 잃기도 한다. 삶에서 어떤 일이 일어난다고 하더라도 선험적인 결정은 없으며, 단지 순간 속에서 결정들이 계속해서 만들어질 뿐이다. 어린 아이는 어릴 적에 이미 '가정'이라는 커다란 힘에 의해 자신의 존재의 힘이 형성되고 있음을 깨닫게 된다. 하지만 어느 순간이 되면 아이들은 자신을 가족으로부터 분리하고 싶어지는데, 이것이 바로 그들의 자아-실현의 욕구이다.

이들은 '가정'에 참여하면서 자신들이 가진 개인적인 존재의 힘을 잃어버렸다고 생각한다. 그래서 가족으로부터 자신을 분리하려고 노력한다. 많은 경우에는 마음 속으로 이런 일을 생각하게 되며, 경우에 따라서는 실제 행동으로 옮기기도 한다. 이들은 자신들이 그룹에 속해 있으면서 잃었던 존재의 힘을 찾고 싶어한다. 그러나 어느 순간이 지나면 가족에게로 돌아오고 싶어하는데, 이것은 그들이 살아가면서 자신이 가족을 떠나서는 위험에 처할 가능성이 더욱 크다는 사실을 발견했기 때문이다. 살아가는 동안 이런 과정은 계속해서 반복된다.

어느 순간 이들은 또 그룹 속에서 자아를 너무 많이 포기했으며, 이것은 자신 뿐 아니라 공동체에게도 좋지 않은 영향을 주게 된다고 생각한다. 그러면 이들은 떠나게 되며 갈등은 계속해서 반복된다. 우리는 삶의 '계층적인' 구조를 살펴봄으로써 이와 같은 문제를 잘 알 수 있다. 한 존재는 자신의 존재에 조금 더 깊게 집중하고 단단하게 만드는 것을 통해서 더 큰 힘을 가질 수 있다.

완전히 집중해서 자아와 완전한 관계를 형성하고, 자아를 완전하게 인식한 사람은 가장 큰 힘을 소유한 존재이다. 그는 단순히 외부

환경적인 측면에서 세계를 소유하는 것이 아니라, 자아-실현이라는 무한한 가능성을 지닌 존재로 세계를 품고 있는 것이다. 이러한 자기 중심성이야말로 그를 세계의 주인으로 만들 수 있다. 하지만 이와 같은 중심성 때문에 힘의 계층적 구조가 생기게 된다. 어떤 요소가 중심으로 가까이 갈수록, 전체적인 힘은 점점 그곳으로 모이게 되어 있다. 옛날 우화에 몸의 다른 지체들이 위장에게 반역을 일으킨 이야기가 있다. 이 때 위장은 "만일 내가 중앙에 자리 잡고 있지 않는다면, 우리 모두는 굶어 죽게 될 것이다"라고 대답했다.

이 짧은 우화가 바로 중심의 지위가 가지고 있는 힘이 다른 부분에게 얼마나 중요한지를 보여주는 이야기이다. 이와 같은 구조는 단순히 유기적인 구조에서만 드러나는 것이 아니라, 비유기적인 구조에서도 나타나는데 원자와 그 주변의 요소에 대한 구조가 이런 것이다. 그리고 심지어 가장 평등주의적인 사회에서도 힘의 집중은 발견되게 마련이지만, 결정을 내려야 하는 순간에 모든 사람들이 참여해서 결정을 내리는 일은 거의 불가능하기 때문이다. 대다수의 사람은 이 결정에 간접적으로 참여할 뿐, 직접적인 결정은 중앙에 집중된 힘에 의해서 이루어진다. 단체 혹은 국가의 중대사를 결정하거나 위급한 상황을 결정하는 때를 제외하고는 모든 사람들이 참여하여 결정하는 경우란 거의 없다. 즉, 이와 같이 평등주의 사회에서도 힘의 계층적인 구조는 발견되게 마련이다.

여기에서 힘의 집중화라 함은 개인적인 집중이 아니라, 전체적인 힘의 집중을 의미하는 것임을 명심해야 한다. 유의할 것은 힘의 집중은 그 힘이 하나의 특정한 목적을 위해서 사용되는 경우에, 즉 그 힘이 오용되지 않은 한에서만 유지될 수 있다는 점이다. 힘의 중심에 있는 대표적인 존재가 자신의 힘을 특정한 자아 욕구만을 실현하기 위해 힘을 사용하는 그 순간, 그들의 힘의 중심은 무너지고 만다. 분명한 것은 비록 지배 그룹이 자신들은 전체 위에 군림하고 있지 않다고 말하더라도, 이 그룹은 자신들이 가진 힘(force)으로 전체를 지배하는 데 사용할 수 있다는 점이다. 그러나 이러한 경우는 아주 제한적이어야만 한다. 왜냐하면 그렇게 하지 않으면, 마침내 전체적인 힘은 내부적이나 외부적인 요인에 의해서 무너지게 되기 때문이다.

힘(Power)과 강요

　다음으로 힘(power)에 대해 우리가 생각해 볼 문제는 물리적인 힘(force)과 강요(compulsion)의 관계이다. 첫 번째 장에서도 살펴보았듯이 이러한 문제는 우리가 힘(power)의 원리에 대해서 균형 잡힌 생각을 하는데 혼란을 가져온다. 특히 사회 정치적인 영역에서는 더욱 그렇다. 존재론적인 측면에서 힘(power)에 대해 이해하기 위해서는 먼저 이러한 잘못된 시각에서 벗어나야 한다.

　하지만 이에 앞서 비록 우리가 생각하기에는 조금 껄끄러운 문제이지만 이보다 더 중요한 질문을 해야 한다. 이것은 과연 물리적인 힘(force)이나 강제적인 힘(compulsion)을 고려하지 않고 힘(power)에 대해서 생각할 수 있는가 하는 점이다. 만일 그 대답이 '할 수 없다'고 한다면 이것은 우리가 힘(power)과 강요(compulsion)를 비슷한 것으로 여기고 있음을 보여주는 것으로, 그 이유는 이 두 가지를 혼동해서가 아니라 현실적으로 생각하기 때문이다.

　'물리적인 힘'(force)은 사물이 가지고 있는 힘(strength)을 말하고 있으며, 동시에 이것이 다른 사물에 영향을 미치는 방식까지도 함께 일컫는 것이다. 이것은 의지적인 동력에 의존하지 않고 존재들이 스스로 움직이거나 행동하게 만드는 것이다. 그러므로 힘(force)에 대해서 생각할때 이것은 자연적인 현상일 뿐이다. 만일 어느 존재가 이 자연의 법칙을 거스르게 된다면 본래의 것이 아닌 다른 것이 만들어지게 된다. 그러므로 물리적인 힘은 본질적인 한계를 가지고 있다. 이것은 물리적인 힘이란 반드시 그것이 지니고 있는 고유한 속성을 가지고 있어야 한다는 것이다. 그렇지 않으면 파괴되고 만다. 물리적인 법칙에서 사물은 그것이 가지고 있는 고유한 가능성이나 외부의 어떤 힘(force)에 의해 움직이게 된다. 그 결과는 측정 가능하며, 우리는 이런 결과를 통해서 다양한 힘(power)들이 어떻게 균형을 맞추고 있는가를 알 수 있게 되는 것이다.

한편 위와 같은 물리적인 힘의 한계와 가능성은 생물계에서도 드러난다. 하지만 무생물계와 비교해 본다면 그 양상은 조금 다르다. 생물은 기계적으로 반응하지 않고, 이것에 가해지는 물리적인 힘에 기대며 또는 거부하기도 하면서 임의대로 반응한다. 사람은 생물을 완전히 기계적인 상태로 변형시킬 수 없다. 그것은 중심, 즉 생명을 제거해 버려야만 가능하기 때문이다. 사람은 생물들의 거의 모든 반응을 기계적으로 계량화해서 생각해 볼 수 있다. 하지만 생물이 살아 있으면서 임의대로 반응하는 그 중심은 죽은 생물의 화학적인 변화를 측정하는 것과는 차원이 전혀 다른 것이다. 이 임의성은 이끌어낸 반응을 의미하기 때문이다. 하지만 이것은 측정 가능한 물리적인 힘에 자극 받아서 일어나는 것은 아니다. '전체적인' 반응은 항상 중심을 통해서 일어나게 된다. 그렇기에 우리는 이것을 계량화해서 생각할 수 없다. 왜냐하면 이것은 보이지 않을 뿐만 아니라 개별 존재를 구성하는 기본이기 때문이다.

물리적인 힘이 살아 있는 생물과 관련되면서 임의적인 자발성의 문제가 도출된다는 사실 때문에, 우리는 강압 혹은 억압과 같은 강제적인 힘에 대해 적절하게 생각해 볼 수 있다. 그리고 이 문제는 분명히 인간 존재가 늘 경험하고 있는 것이다. '강압' 혹은 '억압'과 같은 단어들은 우리가 이것들을 대면하면 저항해야 한다는 심리적인 의식을 불러 일으킨다. 그리고 이러한 의식이 바로 사람이 살아가는 사회에서 '힘'이라는 개념이 다루어야 하는 것이다.

우리의 실생활 가운데에서 힘은 물리적인 힘(force)과 강압(compulsion)이라는 형태로 나타난다. 하지만 힘(power)은 이 둘 중에서 그 어떤 것도 아니다. 존재에 있어서 힘이란 비존재의 위협에 대항하는 아주 실제적인 것이다. 힘은 이와 같은 위협을 극복하기 위해서 때로는 강압을 이용하고, 그리고 이것을 실제적인 것으로 만들기 위해 물리적인 힘을 사용하기도 한다. 하지만 '힘'은 단순히 물리적인 힘을 말하는 것은 아니며, 강압적인 힘을 말하는 것은 더욱 아니다.

그러므로 우리는 힘과 강압의 관계에 대해서 다음과 같이 생각해야 한다: 힘에는 강압적인 요소가 있다. 하지만 힘은 현실적인 차원에서 실제적으로 힘에 대한 표현을 해야 할 때 강압이라는 요소를 이용할 뿐이다. 만일 강압이 이러한 제한을 벗어나면 자아를 파괴하고 더 나아가서 자아를 지탱하고 있는 힘도 붕괴시키고 말 것이다. 강압적인 힘이 본래 나쁜 것이라기보다는, 이것이 한계를 벗어나 존재의 힘과 관련해서 실질적인 역할의 범위를 벗어나게 되었을 때 나쁜 결과가 오는 것이다. 힘에는 강압이 필요하고, 또 강압은 실제 힘이 삶 속에서 실현되도록 만드는 구체적인 범주가 필요하다. 이것에 대한 사회 정치적인 결과에 대한 분석은 다음으로 미루겠다.

사랑과 힘의 존재론적인 일치

만일 힘(power)이 실제로 드러나는 과정에서 강압적인 것이 숨어 있다면 어떻게 힘이 사랑과 결합될 수 있는가? 사랑을 실현하기 위해서 힘을 제거하기 원하는 사람들은 이 질문에 대해서 부정적으로 대답할 것이다. 그렇다면 만일 힘이 구체화되는 과정에서 물리적인 힘과 강압적인 힘이 필요하다면, 이것이 사랑을 제외시키고 있는 것은 아닌가?

이 질문에 대한 존재론적인 대답을 찾기 전에 사랑과 힘에 대한 분석으로부터 우리는 한 가지 매우 시급한 질문을 던지게 된다. 존재의 힘은 비존재를 극복하려는 존재가 스스로를 확인하는 가능성임을 다시 한번 생각해야 한다. 존재의 힘이 세어질수록, 즉 존재가 자아를 확인하는 과정에서 비존재도 역시 깊숙한 곳까지 침투하여 들어오게 된다. 이 과정에서 존재의 힘은 그 힘을 잃고 죽어버리는 것이 아니라, 존재로부터 분리와 되돌아감을 반복하면서 존재의 힘을 더욱 깊게 확인하는 과정에 있다. 그러므로 분리에 대한 경험을 극복할수록 힘은 점점 강해지는 것이다. 여기에서 우리가 주목할 것은 분리된 것으로부터 되돌아가는 것이 바로 사랑이라는 사실이다.

사랑의 재결합이 계속될수록 비존재는 그 힘을 잃게 되고, 존재는 더욱 힘을 얻게 되는 것이다. 여기에서 사랑은 힘의 기초이지 결코 힘을 부정하는 것이 아니다. 존재의 힘에 대해 설명하면서 어떤 사람은 존재란 그 안에 비존재를 포함하고 있다고 말하거나, 다른 사람은 존재는 그 자신과 분리와 결합 과정을 계속 반복하는 것이라고 말하기도 한다. 그렇지만 중요한 것은 그 어떤 설명도 크게 다르지 않다는 것이다. 힘(power)의 기본 원칙과 사랑의 기본 원칙, 이 둘은 서로 같은 것이다. 같은 점은 바로 분리와 재결합이다. 즉 존재하고 있는 것이 그 안에 비존재를 담지하고 있다는 것이다.

앞에서 살펴본 사랑과 힘의 궁극적인 일치를 생각하면서 우리는 다음 질문으로 넘어가게 된다. 강제적인 힘이 어떻게 사랑과 결합할 수 있는가? 이 문제에 대해서 가장 심각하게 고민한 신학자는 마틴 루터이다. 루터는 매우 영적인 측면에서 사랑의 윤리적인 성격을 탐구하면서, 동시에 절대 권력이 가지고 있는 현실 정치의 의미도 깊게 연구하였다.

루터는 강요란 사랑의 이면에 있는 것이지만 이것 역시 사랑의 한 부분이라고 말하였다. 루터는 이것을 사랑의 이상한 역할이라고 말했다. 그에 따르면 아름다움, 자아-헌신, 자비 등의 일들은 사랑의 정상적인 역할인 반면에, 추함, 죽임, 비난 등은 사랑의 이상한 역할이라고 말하면서 이 두 가지 모두 사랑의 역할이라고 역설하였다. 루터가 말하려는 것은 이상한 역할을 하는 것처럼 보이는 사랑이라 할지라도 이 사랑은 사랑을 반대하는 것을 물리치고 있다는 점이다. 하지만 이것은 반드시 사랑과 힘(power)이 하나로 이어져 있을 때에만 가능한 것이다.

자선이나 용서와 같은 적절한 사랑의 역할이 실행되기 위해서는 심판과 형벌과 같은 이상한 형태로 여겨지는 사랑이 그 역할을 감당할 수 있는 토대가 마련되어야 한다. 사랑을 반대하는 것들을 없애고 사랑을 지키기 위해서 이 사랑은 반드시 힘(power)과 연합해야 한다. 여기에서 우리는 이것이 결코 단순한 의미의 힘(power)만을 말하는 것이 아니라 강압적인 힘도 포함하고 있다는 것을 잊지 말아야 한다.

여기에서 우리는 보다 더 중요한 질문을 던져야 한다. 만일 사랑이 강압적인 힘의 요소와도 결합되어야 한다면, 이 결합이 한계에 부딪히는 곳은 어디인가? 그리고 어디에서 강압이 사랑과 충돌하게 되는가? 강압이 사랑의 본래의 목적, 즉 분리된 것의 재결합을 방해하게 될 때 이러한 갈등이 일어나게 된다. 강압적인 힘을 통해서 우리는 사랑에 반대하는 것을 제거하는 일을 해야 한다. 하지만 사랑에 반대하는 행동을 하고 있는 사람을 없애는 일은 결코 사랑이 아니다. 비록 이 사람이 하고 있는 행위를 그치게 만드는 일이 필요하더라도 결코 사람까지 제거해서는 안 된다. 오히려 이 사람이 잘못하고 있는 사랑에 반하는 행동을 그만하게 함으로써 그 사람을 구하는 일이 바로 사랑이다. 다시 한번 우리는 다음과 같은 사실을 기억해야 한다: 재결합을 불가능하게 만드는 모든 것들은 사랑에 반대하는 것이다.

여기서 우리는 중세시대의 한 이야기를 생각해 볼 수 있다. 그 시대에는 흉악한 살인범을 사형시키는 곳에서 살인자의 친척들이 모여 무릎을 꿇고 사형수의 영혼을 위해서 기도하였다. 비록 사형수의 육체적인 존재는 없어지지만, 그 순간은 사형수의 존재를 완전히 없애는 것이라기보다는 오히려 사랑을 확인하는 순간이었다. 이것을 통해서 완전하게 분리되었던 죄수의 영혼은 자기 자신과 결합할 수 있게 되었으며, 동시에 그의 영혼은 희생자의 영혼과도 만날 수 있게 되었다. 이 반대의 이야기를 우리는 오늘날 전체주의 국가의 힘의 남용을 통해서 볼 수 있다. 희생자들은 각종 비인간화 과정에 의해 쓸모 없는 물질로 취급 받았으며, 친척이나 혹은 친구도 없이, 즉 함께 하는 사람이라고는 아무도 없이 죽어갔다. 이러한 죽음은 사랑의 재결합을 생각조차 할 수 없이 존재를 처절하고 완전하게 파괴하는 것이었다.

나는 여기에서 마틴 루터가 '강요'가 가지고 있는 이상한 역할에 대해서 명확하게 보지 못한 한 가지 사실을 지적하려고 한다. 강압적인 힘은 사랑의 이상한 모양으로 역할할 뿐만 아니라, 이것은 사랑의 비극적인 측면을 드러내기도 한다. 여기에서 우리는 분리된 것이 결합하기 위해서는 반드시 지불해야만 하는 값이 있음을 깨달을 수 있다. 그리고 또 한 가지 우리가 생각해야 할 것은 루터의 설명에서 빠진 부분이다. 이것은 바로 루터가 강조한 강압이 분리된 것을 재결합하기 위한 결정적인 요소라기보다는 오히려 힘의 구조 안에서 존재를 지켜주는 부수적인 역할을 할 뿐이다. 루터는 강압적인 힘이 왜곡될 경우 어떻게 이것을 금지시킬 것인지에 대해서는 묻지 않았다. 그래서 그는 종종 힘을 숭상하는 마키아벨리적인 냉소주의자라는 비판을 받았다. 내 생각에는 루터에 대한 이런 평가는 잘못된 것이다. 하지만 루터의 이론이 가져온 결과에 대해 생각해 본다면, 그에 대한 평가가 타당한 면도 있다.

자, 여기에서 우리는 다시 한번 되물어 보자. 만일 사랑과 힘이 합쳐지는 과정에서 힘의 강압적인 요소가 현실화되는 가운데 불가피하게 개입되는 것이라면, 사랑이 어떻게 힘과 결합될 수 있는가? 이 문제에 대한 대답은 정의의 존재론에 대해 다루는 다음 장에서 더욱 깊게 생각하겠다. 우리는 '자기-사랑'에 대해 토론하면서 이것은 완전히 배격되는 것이 좋겠다는 제안에 동의하였다. 이제는 자기-힘(self-power)에 대해서 생각해 보자. 사실 이 단어는 잘 사용하지 않는데, 그것은 이 단어 대신 '자기-통제'(self-control)라는 단어가 더 많이 사용되고 있기 때문이다.

여기에서 우리는 한 가지 질문을 더 하게 된다. 자아-관계(self-relatedness)를 형성하는 과정에서 자아는 반드시 한 자아가 다른 자아를 통제하는 힘을 필요로 하는가? 이에 대한 대답을 생각하려면 우리는 자아-사랑의 경우를 충분히 고려해야 한다. 왜냐하면 이 과정은 매우 비슷한데, 이 단어가 은유적이기 때문이다. 자아는 동일한 것이며, 한 자아가 다른 자아와 대항해서 싸우는 경우는 없기 때문이다. 그러므로 자아의 힘은 자기-중심성(self-centeredness)을 말하는 것이다.

자기-통제란 계속해서 외부로부터 중심을 향해 도전해오는 여러 요소들에 대항해서 자기-중심성을 지키려고 한다. 우리가 생각해야 할 것은 존재는 이 요소들이 중심을 결정하는 과정에서 투쟁하게 된다는 점이다. 그러나 우리는 이런 갈등이 발생하는 과정에서 중심은 이미 그 자리를 잡고 있다는 점 또한 놓치지 말아야 한다. 논리적으로 생각하면 중심은 이미 모든 요소들이 그 중심을 결정하기 이전에 존재하고 있다. 이런 측면에서 자아를 통제하는 힘이란 자아가 마음대로 구성해서 결정하려는 물리적인 힘(force)을 통제하는 힘(power)이 존재하고 있다는 것을 말하는 것이다.

여기에서 우리는 한 번 더 질문을 해야만 한다. 어떻게 기하학적인 상징의 한 중심이 자신의 중심을 결정하는 여러 요소들의 힘을 제어할 수 있는가? 중심의 힘은 결코 독립적인 것이 아니라, 중심을 향하고 있는 여러 요소들이 안정적인 조화를 이루는 과정 속에서 그 힘을 형성하게 되는 것이다. 이 구성 요소들의 안정적인 조화가 바로 중심의 힘이다. 이러한 조화 속에서 어떤 요소들은 조금 더 힘을 발휘할 것이고, 다른 것들은 종속적인 역할을 하게 될 것이다. 자기-통제란 여러 혼란스러운 경향들에 맞서서 이와 같은 조화를 잘 지켜내고 더욱 강화시켜서 그 중심을 잘 유지하는 자아의 활동이다.

이러한 활동은 현재 자아 속에서 움직이고 있는 많은 요소들의 중심적인 것을 밖으로 밀어내는 일을 함으로 벌어지기도 한다. 한편, 이런 활동은 여러 요소들을 통합함으로 일어나기도 한다. 전자의 경우나 후자의 경우에도, 이런 점에서 자기-통제는 윤리적인 의미를 보여준다. 전자는 청교도들의 윤리에서 주로 드러나고, 후자는 낭만주의자들의 윤리에서 나타난다. 그러나 이 기본적인 구조는 매우 비슷하다: 자기-중심성이란 자아가 개별적인 요소들을 통제하면서 이 중심을 구성하는 요소들을 안정적으로 조화하도록 만드는 힘을 의미한다. 이런 점에서 모든 자아는 힘의 구조 안에 들어 있는 것이다.

PART 04　존재와 정의

존재의 형식으로서의 정의

정의의 원리들

정의의 수위(단계)

정의와 힘과 사랑의 존재론적인 일치

존재의 형식으로서의 정의

 삶으로서 실재하는 존재는 구체적인 형식을 구성하는 동력과 결합되어 있다. 실재하는 모든 것은 어떤 형식으로 존재한다. 한편으로 이 형식은 사물의 기초 단위인 원자이면서, 다른 면에서는 인간의 마음이기도 하다. 그러므로 형식이 없다는 것은 존재하지 않는다는 의미이다. 동시에 실재하는 모든 것은 그것 자체를 넘어서는 무엇인가를 향해서 계속 움직이고 있다. 존재는 자신을 형성하고 있는 형식으로는 결코 만족하지 않는다. 존재는 조금 더 많은 것을 품기 원하며, 결국 모든 것을 품을 수 있는 그 무엇인가를 되기 원한다. 그리고 존재는 성장하기를 원한다. 존재는 비존재를 조금 더 많이 정복해가면서 만들어지는 형식들을 통해서 그 존재의 힘을 점점 더 키워가기를 원한다. 은유적으로 설명한다면 작은 것은 큰 것이 되기를 원한다.
 예를 들어서 분자는 입자가 되기 원하며, 입자는 세포가, 세포는 그것의 중심이, 식물은 동물이, 동물은 사람이, 사람은 신이, 약한 것은 강한 것이, 분리된 것은 결합되기를, 불완전한 것은 완전한 것이 되기 원한다! 이런 움직임은 존재가 이전 상태를 넘어서서 자신을 초월했을 때에만 가능한 것이다. 이 움직임은 존재가 새로운 형식을 만드는 것으로 가능해지는 것이 아니라, 기존에 자신이 형성해 놓았던 형식을 파괴하고 자신을 부정함으로 가능하게 되는 것이다. 사람은 성장해 가면서 이런 형식을 만들어 가는데, 이것은 삶을 위협하는 한 요소가 된다. 존재의 자기-초월은 형식이 자기-초월 과정을 결정해 가는 가운데 발생한다. 하지만 이 결정은 결코 완전하게 이루어지지 않는다. 만일 형편이 그렇다면 사람은 자기-초월에 대해 자신 있게 말할 수 없다. 사람은 단지 자기 스스로에 대해 표현할 뿐이다. 이와 같은 성장 법칙의 불완전성 때문에 모든 생물은 위험을 감수하면서 살아가고 있다. 스스로를 초월하려는 가운데, 때로는 존재가 자아-완성을 경험하지만, 때로는 자기 자신을 파괴하기도 한다. 우리는 이것을 '창조성의 위험'이라고 부를 수 있다. 상징적으로 생각해보면, 심지어 하나님도 창조 과정 속에서 하나님 자신에게 처할 위험을 감수하셨다고 말할 수 있다. 왜냐하면 피조세계가 창조되었다는 것은 곧 그것이 파괴될 수 있음을 의미하기 때문이다.

파르메니데스가 받은 철학적인 질문에 대한 대답 속에서 우리는 이 질문에 대한 대답이 정의의 문제와 연결되어 있음을 알 수 있다. 정의의 여신 디케(*dike*)가 그에게 존재에 대한 진리를 소개해 주었다. 정의의 문제란 존재론적인 질문을 충분히 고려하지 않은 채 사회적인 범주로만 생각해서는 안 된다. 오히려 이것은 존재론적인 가능성을 생각하지 않고는 풀리지 않는 문제이다. 우리는 파르메니데스의 시(詩)에서 고대 철학의 정의에 대한 존재론에 대해 읽을 수 있다. 헤라클레이토스는 로고스에 대해 설명하면서 세계(kosmos)의 운동을 결정하는 법칙을 로고스 개념과 연결시켜 자연법의 원리와 도시의 법령들을 함께 포괄하여 설명하였다.

플라톤에 따르면 정의는 개인과 사회 그룹을 연결하는 기능을 하는 것이다. 이것은 곧 어느 한쪽이 다른 한쪽을 품어주는 형식을 말하는 것이다. 그들의 존재의 힘은 이 형식에 기초를 두고 있다. 스토아철학에서는 자연 안에서 물리적인 법칙으로, 그리고 동시에 사람의 마음 속에서 도덕 법칙으로 역할하는 로고스가 있다고 주장하고 있다. 이것은 유효한 법령들이 어떤 것인지에 대해서 정의의 원리를 기준으로 판단한다. 이것이 로마법의 제정과 집행의 기초가 된 스토아철학의 기본 범주를 제공하였다. 법 집행의 결과들이 어떤 것이든 상관없이 이것은 절대적이고 보편적인 유효성을 가지고 있는 것으로 여겨졌다. 정의의 존재론적인 기초가 흔들리고 법에 대한 적절한 해석이 시도될 때마다, 아무 것도 군주의 변덕스러운 결정에 반대하거나, 상대주의적인 편리성에 반대하는 결정을 내리는 것을 막을 수 없었다. 소피스트들과 대항하여 싸웠던 소크라테스의 예가 가장 결정적인 것이었다. 냉소주의와 독재 권력과 맞서서 '사람에게 올바른 것'이 무엇인지를 변론했던 싸움은 오늘날까지 계속되고 있다.

구약성서를 살펴보면 비록 예언들이 형이상학적인 성격을 지니고 있지는 못하지만, 예언자들의 생각을 통해서도 정의의 원리를 읽을 수 있다. 예언을 통한 정의의 원리는 단지 이스라엘만 다스리는 것이 아니라 모든 인류와 자연도 함께 다스리는 것이다. 이후에 유대주의로 발전하면서 이 법은 세속뿐 아니라 영원의 영역까지 포괄하게 되었다. 하지만 이것이 삶에서 드러나는 것은 매우 순간적이다. 그러므로 존재의 형식은 어떤 시간 가운데 현실적으로 드러나게 되는 것이다. 이것에 복종하면 존재의 힘을 가질 수 있지만, 반대로 복종하지 않으면 자아는 파괴되고 만다.

만일 정의가 존재의 힘이 구체화되는 형식이라면, 우리가 앞에서 생각해 본 대로, 정의는 힘의 역동성을 제공하기에 충분해야만 한다. 그리고 이것은 존재와 존재가 서로 만나는 과정에서 적절한 형식을 제공해 줄 수 있어야 한다.

  이와 같은 '만남과 정의'의 문제가 발생하는 이유는 만남이 발생하기 이전에 존재와 존재 사이에 역동적인 관계가 형성되었는지를 설명하는 것이 불가능한 일이기 때문이다. 수많은 가능성은 순간 속에서 주어지는 것이다. 각각의 이러한 가능성들은 특별한 형식을 요구한다. 부정의하고 불공평한 역학 관계 속에서 삶은 파괴되고 말 것이다. 그러므로 각각의 행동에 있어서 정의는 반드시 필요한 것이며, 그에 따르는 위험이 발생하는 상황도 피할 수 없다. 그 어떤 원리도 기계적으로 적용되어 모든 정의가 실행되었음을 보증할 수 있는 것은 없다. 그럼에도 불구하고 일반적으로 동의하면서 바꿀 수 없는 존재 그 자체가 가지고 있는 원칙 가운데 존재의 형식을 설명할 수 있는 정의의 원리들은 분명히 존재한다.

정의의 원리들

사랑의 존재론적인 기초를 통해서 살펴본 대로, 가장 분명한 정의의 원리는 사랑이다. 만일 존재가 실재하기 위해서 분리된 것이 재결합하는 과정에서 삶 가운데 반드시 일어나는 일이라면, 정의는 존재가 이 운동으로 나아가게 만드는 형식이다. 이러한 운동과 정의가 어쩔 수 없는 위험에 직면해야 하는 구체적인 삶의 현실들을 중재하는 가운데 더 많은 원리들이 도출되고 있다. 우리는 이러한 중재가 이루어지는 몇 가지 원리를 발견하게 된다.

첫 번째 원리는 내용에 대한 형식의 '타당성'이다. 과거에는 타당성을 가지고 사람들에게 효력을 발휘했던 법률들이 오늘날에는 더 이상 필요 없어졌다는 불평들이 자주 제기된다. 이것들은 힘과 힘이 만나는 가운데 가능한 창조적인 형식과 적절한 존재의 힘을 만들어 낼 수 있는 형식들을 더이상 만들지 못한다. 또한 이것들은 더이상 창조성을 이끌어 낼 수 있는 만남들이나, 혹은 사랑의 존재론과 관련해서 분리된 것의 재결합을 위한 만남들도 이끌어내지 못한다.

지난 시절 가정의 구조를 지배하거나 경제적인 관계를 다스리기 위해서 제정되었던 법률들이 오늘날에도 계급 간의 연합을 해치거나 가족 관계를 파괴할지도 모른다. 법과 현실적인 만남 사이의 불일치의 가능성은 과거에 존재의 힘으로 여겨졌던 형식들이, 그 유효성을 상실했음에도 여전히 그 세력을 가지고 있을 때에 드러나게 된다. 이러한 현상은 자연 속에서도 드러난다. 이전 단계의 생물학적인 발달 단계가 그 이후 단계에서도 계속 드러나게 될 때가 종종 있다. 사람의 문화적, 사회적 존재 양식 속에서 형성된 여러 기관들이 지니고 있는 보수적인 성격에 의해서 이런 현상이 발생하게 되었다.

사회적으로나 문화적으로 이것은 자아-초월을 방해하는 위험 요소로서 인간의 삶을 기존 기관들의 부속물로 만들어 버린다. 사람들은 안전을 위해서 치루어야 하는 대가가 있다고 말하면서 이 오래된 형식들을 지키고 있는데, 이것은 옳지 못한 것에 대가를 치르는 것과 같다. 이와 같은 부정의로 만들어지는 부적절한 형식은 결국 인간의 안전까지 위협하게 되며, 또한 이것을 위해서 치른 대가는 전혀 쓸모 없는 것이 된다.

정의의 두 번째 원리는 '평등'이다. 법은 동등한 모든 사람들에게 동일한 효력을 미치고 있다고 믿기 때문에, 평등은 모든 법률에 녹아들어가 있는 핵심 가치이다. 하지만 여기에도 질문이 생기게 된다. 과연 누가 동등한 사람들인가? 평등이 의미하는 것은 도대체 무엇인가? 플라톤의 《공화국》(*The Republic*)에 따르면, 국가의 핵심 가치는 정의의 이데아이다. 하지만 노예 같은 많은 그룹은 정의의 법칙에 따라 부여되는 인간의 지위에서 제외되었다. 심지어 동등한 지위를 지니고 있다고 생각하는 세 종류의 시민 그룹들 사이에서도, 분배 정의의 측면에서 보면 대단히 커다란 불평등의 요소가 있었다.

기독교는 고대 세계의 완전한 사람이라고 여겨지는 존재들과 완전한 인간이 아니라고 생각되는 존재들 사이에 놓여져 있는 근본적인 불평등 요소를 줄이려고 하였다. 하나님은 모든 사람에게 궁극적인 평등을 부여하셨으며, 하나님의 정의 앞에서 모든 사람은 평등하다. 계급제도와 귀족정치 체제는 궁극적인 측면에서 보면 서로 관련되어 있지 않다. 하지만 이것들이 가지고 있는 사람 관계에 대한 이해는 매우 비슷하다.

초기 교회에서도 노예제도는 없어지지 않았으며, 중세의 봉건주의 체제로 발전하면서 개인이 지니고 있는 사회적인 지위에 따라서 부여되는 요구에 따라 각각 다른 정의가 있었을 뿐이었다. 사회에 널리 퍼져 있는 정의의 원리란 단지 태어날 때부터 부여받은 지위를 가지고 있으면서, 같은 계층에 있는 사람들 간의 평등일 뿐이었다. 정의란 이와 같이 보편적인 계층 구조 위에 세워진 것이다. 다시 말해서 정의는 계층 구조가 실현되기 위한 형식일 뿐이라는 것이다.

그러므로 평등의 원리는 위의 것과는 완전히 다른 정반대의 방법을 사용하여 이해해야만 한다. 이것이 모든 사람들에게 적용될 수 있는 민주적인 방식이기 때문이다. 만일 이렇게 된다면 모든 사람은 같은 가치를 지니고 있는 '사람'으로 인정받게 될 것이다. 모든 사람이 평등하다고 인식하는 것은 이성적인 능력이다. 그리고 진정한 평등이 실현되려면 반드시 이런 능력이 발현되어야 한다.

그러나 우리는 이러한 과정 가운데 수많은 차이들을 발견하게 된다. 개인에게 주어진 성격의 차이, 주어진 사회적인 기회의 차이, 창의력의 차이, 그리고 개인의 존재의 힘이 드러나는 모든 면에서도 그 차이는 분명하게 드러난다. 이러한 차이들은 자신의 사회적인 힘을 이용해서 분배 정의에 대한 요구를 하는 가운데 잘 드러난다. 하지만 이 차이들은 기능적인 차이들이지, 결코 존재론적인 차이는 아니다. 존재론적인 차이란 태어날 때부터 사람에게는 계급이 주어져 있다. 즉 사람은 계급 구조에 의해서 이미 규정된 존재라는 생각을 말하는 것이다. 그러나 중요한 것은 이러한 차이들은 언제든지 바뀔 수 있다는 점이다.

그럼에도 불구하고 이러한 차이들은 평등한 사회구조를 만드는 데 아주 큰 방해가 되고 있다. 평등과 정의의 관계는 사람에게 주어진 존재의 힘과 이에 부합하는 정의에 대한 본질적인 요구에 그 기초를 두고 있다. 이러한 요구에 대한 설명은 상당히 다양하다. 첫 번째로는, 사람은 자신의 계급에 걸맞는 정도로 인정받는 것을 정의로운 것이라고 주장한다. 두 번째로는, 자신을 유일하고 중요한 존재로 생각하기 때문에, 그는 자신의 존재에 걸맞는 정의가 집행되기를 원한다. 세 번째로는, 자신이 이성을 가지고 있는 소중한 존재이기에 자신은 이성적인 존재로 점점 더 성장하면서 그에 어울리는 존엄성을 인정받기 원한다. 이런 모든 경우에 평등이란 현재적인 것이면서 동시에 질적인 차원의 것이다.

하지만 이것은 평등주의자들이 말하는 것과는 다르다. 사람의 자유의 문제에 대한 해답 또한 지금 우리가 토론하고 있는 논지대로 설명할 수 있을 것이다. 중요한 것은 오직 사람만이 의도를 가지고 있고, 스스로 결정하려고 하며 책임감 있는 존재라는 것이다. 이런 점에서 생각해 보면, 우리는 정의의 원리에 대해서 생각하는 것보다는 개성의 원리에 대해서 생각하는 것이 더 좋을지도 모르겠다. 이 원리의 핵심은 모든 사람을 사람으로 대접하라는 요구이다. 만일 사람을 물질적인 것으로 취급하면, 정의의 원리는 깨어지고 만다. 이러한 경우를 '현실화' 혹은 '물질화'라고 부른다. 어떤 경우에 이것은 모든 사람은 근본적으로 사람으로 대접받아야 한다는 정의의 원리에 반대되는 것이다. 이러한 요구는 자유와 정의의 관계를 서로 연결 짓는 중요한 열쇠가 되고 있다. 자유는 존재를 노예 상태로 끌고 가려는 외적인 상황들에 대한 개인의 내적 우월성을 의미하는 것이다. 스토아철학의 노예나 기독교 신학의 노예들은 동등하다. 왜냐하면 이들은 외적인 자유와는 모순되고 있지만, 사람으로 대접받으려는 내적 요구에 기초하고 있는 영적인 자유와는 전혀 모순될 필요가 없는, 사회적인 상황들에 대한 독립성을 지니고 있기 때문이다. 스토아주의자들은 우주론적인 정의와 그것의 이성적인 구조에 참여하고 있다.

한편, 기독교인들은 하나님 나라의 정의를 바라고 있다. 이와 같이 개인의 중심 가운데 자리잡고 있으며 자발적으로 종이 되기로 한 결정은 결코 사회적인 운명을 의미하지 않는다. 영적인 자유는 오히려 '묶여져 있을 때'에 실현될 수 있다. 이와 같은 비정치적이면서 영적인 자유의 이상에 비해, 자유주의는 종으로 만드는 상황을 제거하려고 노력하고 있다. 자유에 대한 생각의 전환은 일반적인 의미의 영적인 자유나 혹은 다수의 사람들을 위한 영적인 자유를 방해하는 사회적인 상황이 있다는 점을 인식하는 순간에 발생하였다.
이것이 종교개혁 시기에 발생한 급진적인 재세례파의 논쟁이었다. 이것은 또한 기독교가 전해오면서 많은 사회 개혁가들이 제기했던 논쟁이었으며, 오늘날 대부분의 인문주의나 종교 영역에 속해 있는 사회주의자들이 제기하는 논쟁이기도 하다. 그러나 가장 치열한 논쟁은 정치적인 자유를 추구한 자유주의자들에 의해 제기된 것이다. 정치적인 면과 문화적인 면에서 스스로 결정하겠다는 자유는 개인의 존재에 중요한 요소들 중에서 하나로 인정되기 때문에, '자유'는 정의의 원리에서 아주 중요하게 다루어진다. 아무리 주인이나 종이 초월적인 자유에 참여할 수 있다 하더라도, 그 어떤 모습의 노예 상태도 자유의 원리에는 위배되기 때문이다. 인간 역사를 통해서 보면 자유주의자들의 자유에 대한 원리는 매우 이례적인 것으로 오늘날에는 그 영향력을 서서히 잃어가고 있다. 과연 이러한 존재론적인 분석이 자유주의자들의 자유에 대한 질문에 적절한 대답을 주고 있는가? 또한 앞에서 살펴본 귀족정치와 민주정치가 그들의 관계 속에서 지니게 된 평등에 관한 설명에 한 가지 대답이 될 수 있는가?

사랑의 존재론은 그에 대답을 주고 있다. 만일 정의가 헤어진 것이 다시 결합하는 것이라면, 이것은 반드시 헤어짐과 재결합, 즉 사랑이 없어서 헤어졌던 것이 사랑이 실현되면서 재결합하게 되었다는 생각을 포함하고 있어야 한다. 바로 이러한 점 때문에 형제애나 동료애 그리고 전우애, 혹은 조금 더 적절하게 표현해서, 공동체에 대한 원리가 자주 평등과 자유의 원리들에 포함되고 있는 것이다.

그러나 이와 같은 접근은 정의에 대한 공식적인 개념이라는 명목으로, 그리고 공동체는 매우 감정적인 것으로 정의에 대한 이성적인 접근을 방해하여 오히려 그 엄격성을 위험에 빠뜨리게 될 것이라는 추측에 의해서 거부되었다. 이와 같은 문제들에 대해서는 정의의 질적인 측면과 정의와 힘과 사랑의 관계에 대해 생각해 보면서 더 깊게 토의하겠다.

정의의 수위(단계)

우리는 보복의 정의와 분배 정의를 구분해서 설명한 아리스토텔레스의 개념을 받아들이면서 정의에 대해 여러 차례 이야기 하였다. 이러한 구분에 대해 조금 더 깊은 토의를 하기 위해서 우리는 정의의 수위가 각각 다르게 나타나고 있는 정황들을 살펴보아야 한다. 정의의 기초는 존재하고 있는 모든 것이 가지고 있는 정의에 대한 근본적인 요구이다. 나무의 근본적인 요구와 사람의 근본적인 요구는 전혀 다른 것이다. 존재의 힘이 스스로를 실재화하면서 형성하는 다양한 형식들에 기초를 두고 있는 정의에 대한 요구는 각기 다를 수밖에 없다.

그러나 말 그대로 이러한 요구들은 그것들이 기초를 두고 있는 존재의 힘이 미치는 범위에서만 유효한 요구들일 뿐이다. 무엇보다 우리가 생각해야 할 것은 정의는 존재의 힘에 의존하고 있는 한 존재가 때로는 침묵 가운데, 다른 때에는 음성으로 표현하는 요구라는 점이다. 이것은 아주 기초적인 요구로 사물이나 사람이 실재하면서 만들어지는 형식으로 표현되는 것이다.

먼저, 이 요구에는 당사자가 있기 마련인데 때로는 이 요구가 타당하지만, 어떤 때는 그렇지 않기도 하다. 정의에 대한 요구가 당사자나 혹은 다른 사람에 의해서 제기될 때 그 목소리에는 분명히 정당한 경우가 있고, 또 그렇지 못한 경우도 있다. 부정의는 정의에 대한 기본적인 욕구가 실제 상황에서 판단되어야 하는 과정에서 발생한다. 그 중 하나는 존재 실현의 과정에서 역동적인 요소가 억압받는 가운데 발생한다. 그 반대의 경우는 이러한 역동적인 요소들이 실현되는 과정에서 정적인 구조들이 부정되는 가운데에서도 발생하게 된다.

두 번째 형태의 정의는 정당한 자기 몫에 대한 정의이다. 이것은 분배의 정의와 상과 벌의 정의를 모두 포괄하는 것으로, 긍정적인 것이든 부정적인 것이든, 받을 만한 가치에 따라서 정당한 몫이 주어지는 것을 말한다. 이것은 정확한 계산의 정의라고 말할 수 있는데, 그 이유는 이 정의가 모든 것의 존재의 힘을 측정해서 그들에게 무엇이 주어져야 하고, 또 어떤 것은 주어지지 말아야 하는지를 측정하는 일이기 때문이다. 나는 이것을 분배의 정의라고 부르는데, 왜냐하면 이것은 사물이나 사람이 그 존재의 힘에 따라서 마땅히 받아야 하는 할당량을 결정해주기 때문이다.

이와 같은 대표적인 경우는 패전국이 승전국에 제공해야 하는 보상이다. 또한 이것은 뛰어난 사람에게 단체의 추종자들이 바치는 감사의 표시이기도 하다. 그리고 이것은 권력에 종속되어 있는 사람들이 그 권력의 대표자들에게 자신들이 종속되어 있음을 보여주는 하나의 상징이다. 보상적인 정의는 당연히 이것을 요구할 만한 사람들에게 주어지는 보상에 관한 것이다.

분배 정의는 정당한 몫을 정해서 받을 만한 사람에게 주는 것이고, 징벌에 관한 정의는 그 형식에서는 분배 정의와 같지만, 내용은 반대의 경우로 재화를 박탈하여 형벌을 가하는 것을 말한다. 그러나 근본적인 형식 면에서 분배 정의와 징벌의 정의에는 차이가 별로 없다. 왜냐하면 두 가지 모두 정당한 몫에 대해 수량으로 측정하여 집행하는 것이기 때문이다. 법의 정당한 집행은 분배의 정의를 위한 기초적인 형식이다. 하지만 여기에도 몇 가지 예외가 있다. 이런 것들이 바로 정의의 세 번째 특징이 되고 있다.

나는 정의의 세 번째 형식을 '변혁적인 혹은 창조적인 정의'라고 부르겠다. 이러한 주장은 이미 언급한 사실, 즉 기본적으로 정의란 매우 역동적이라는 점에 기인하고 있다. 이것은 한정적인 설명으로 정의내릴 수 없으며, 따라서 정당한 몫에 대한 정의라는 것도 설명하기 어려운데, 그 이유는 정당한 몫을 계산하는 것이 불가능하기 때문이다. 힘의 역학 관계에서 앞으로 그 힘이 어떤 결과를 초래할 것인지에 대해 알 수 있는 선험적인 것은 없다. 만일 어떤 사람이 이 결과물에 대해 이전의 경험에 따라 그 몫을 결정하려고 한다면, 아무리 그것이 법에 의해 집행되는 것이라 하더라도 정의롭지 못할 결과를 가져올 수밖에 없다.

이러한 상황의 가장 좋은 예는 일상의 경험에서 발견된다. 이것은 사람들이 일상 속에서 법률을 위반하는 경우인데, 그 법들보다 더 근본적인, 비록 아직 제정되지 않았고 그 효력이 발휘되지는 않았지만, 상위 법률들을 지키기 위한 것이다. 이런 예로는 불분명하고 시대에 뒤떨어진 규율들과 갈등하는 가운데 발생하는 권력에 대한 투쟁이나, 정복한 사람이나 정복당한 사람들이 그 힘을 증대시켜가는 과정에서 생기는 결과물들에 대한 투쟁들을 생각해 볼 수 있다.

다른 예로는 정의의 이름으로 다른 형태의 정의가 사라질 것을 요구하는 많은 사건들이나, 개인적인 인간 관계나 그룹이 계속해서 지속되지 못하게 하는 행동이 포함되기도 한다. 조금 더 정확히 말하면, 창조적인 정의를 만들어 가기 위해서 분배 정의를 포기해야 할 경우가 분명히 있다. 그렇다면 '창조적인 정의'란 어떤 범주의 정의를 말하는 것인가? 이 질문에 대답하기 위해서 우리는 먼저 존재가 정의를 위해서 궁극적이면서도 기초적으로 요구해야 할 것이 무엇인지를 질문해야 한다. 이것에 대답은 보편적인 성취의 조화 가운데에서 이루어지는 완성이다. 그리고 이것의 종교적인 상징은 하나님의 나라이다.

이 세 번째 형태의 정의에 대한 고전적인 표현은 신, 구약성서 문헌들에서 잘 드러난다. 성서가 정당한 몫의 배분과 관련된 정의를 무시했다고 말하는 것은 올바르지 않다. 오히려 신, 구약성서의 상당히 많은 곳에서 심판의 상징이 그리스도와 하나님께 있음을 말하고 있다. 그리고 성서는 인간의 올바르지 못한 판단에 대해서 다른 어떤 죄보다도 더욱 심각하게 비판하고 있다. 그럼에도 불구하고 주요한 강조점은 다른 곳을 향해 있다. 정의로운(자디킴, *zadikim*) 사람들은 자연과 역사 속에 모든 것을 창조하고 운행하시는 신의 명령에 자신을 굴복시키는 사람들이다. 하지만 이것은 규율과 명령들에 대한 무조건적인 복종이 아니라, 법의 근원이 되시는 그분에 대한 자발적인 사랑의 표현으로서의 순종이다.

그러므로 자딕(*zadik*)은 법에 대한 복종이 법의 제정자에 대한 신앙심과 합쳐진 개념이다. 구약성서에서 개별적인 용어들을 면밀히 살펴보면, 그 속에는 법의 존재론적인 성격에 대한 깊은 인식이 녹아 있음을 발견하게 된다. 후기 유대주의에서 그 의미가 열려지게 되었으며, 이것은 초기 교회가 로고스 개념을 사용하여 그리스도에 대한 존재론적인 해석의 틀을 마련할 수 있게 도와 주었다. 정의를 인간에게 적용시키는 것처럼 이것을 신에게도 적용시킨다면, 정의는 정당한 몫에 대한 분배보다도 더 큰 것을 의미한다. 이것은 창조적인 정의를 말하는 것으로 재결합을 위해서 용서하시는 신적인 은혜에서 가장 잘 드러난다.

하나님은 공적이나 찬사에 따라서 적절한 몫을 할당하는 일에는 크게 관심이 없다. 다만 정당한 몫을 받지 못하는 소외된 사람들에게 채워주시기 위해 창조적으로 그 몫을 변경하신다. 그러므로 신의 정의는 때로는 부정의처럼 보이기도 한다. 바울이 말한 "믿음으로 의롭게 되는 은혜"라는 역설은 올바르지 못한 사람을 올바르다고 해주시는 신적인 행동, 즉 신적인 정의를 가장 잘 드러내는 것이다. 용서도 이와 같은 것인데 이것을 정의의 측면에서 이해하려면, 창조적인 정의라는 개념 밖에는 없다. 그리고 창조적인 정의는 사랑이라는 형식으로 드러나는데, 이것이 바로 다시 결합하게 만드는 사랑이다.

정의의 힘과 사랑의 존재론적인 일치

정의란 힘과 힘이 부딪칠 때 존재의 힘이 그 힘을 어떻게 실재화 시키는지를 보여주는 형식이다. 형식이 없는 존재의 힘이란 없기 때문에, 정의는 힘 속에 내재된 것이다. 그러나 어떤 존재의 힘이 다른 존재의 힘과 부딪칠 때마다 강압적인 요소가 나타나는 것은 어쩔 수 없는 일이다.

이런 점에서 우리는 질문을 던져야 한다. 힘의 강압적인 요소와 정의의 관계는 무엇인가? 이것에 대한 대답은 틀림없이 다음과 같을 것이다. 강압이 옳지 않은 것이라는 생각에서 벗어나 그것의 역할은 정의의 성취를 위해 작용하지 않고, 강압 자체만을 목적으로 하는 모든 강제적인 것들을 없애버리는 것이 되어야 한다.

만일 전체주의 체제가 법령들을 강화하기 위한 명목으로 사람들을 비인간화 시킨다면, 사람으로서 지니고 있는 존재의 힘은 소멸되고 그 본래 요구는 부정될 것이다. 이것은 정의를 벗어나는 강압이 아니라, 모든 존재가 살아가고 있는 구체적인 현실 속에서 존재로 인정받으려는 가장 기초적인 존재의 요구를 말살하는 것을 말한다. 강압은 법을 어긴 사람이 자신이 가지고 있는 존재의 힘을 파괴하고, 법에 따라서 자신의 힘이 제한되어야 함에도 이것을 무시하는 경우를 예방하기 위한 것이다. 그래서 헤겔은 범죄자들에게 형벌 받을 권리가 있다고 주장한 것이다. 강압이 정의의 기본적인 요소들에 반하는 힘이 되었을 때, 이것을 통해서 힘의 구조가 강화되는 것이 아니라 오히려 약화된다. 비록 억눌려 있다고 할지라도 무의식 속에 잠재해 있는 정당한 요구들은 절대로 사라지지 않는다. 이것들의 효력은 자신을 억누르고 있는 전체에 대항함으로 발생하게 되며, 결국 자신들을 참여자로 받아들일 수 없으며, 그렇다고 완전히 포기해 버릴 수도 없는 힘의 구조를 파괴할 것이다. 모든 것 안에 들어 있는 이러한 기본적인 요구를, 처음으로 반대한 원인을 제거하지 않고서는 결코 사라지게 만들 수 없다. 이러한 측면은 힘의 생물학이나, 심리학, 그리고 사회학적 구조에서 똑같이 발견된다.

예를 들어 인간의 정신적인 힘은 세 가지 형태로 설명할 수 있다. 이것은 그것을 담지하고 있는 요소들, 즉 특별한 욕망이나, 희망, 생각 등을 억누를 수 있다. 이 경우 억눌려진 요소들은 계속 남아 있게 되며, 마음으로 그것 자체를 반대하게 만들어 결국 그 마음에 일관성이 사라진다. 인간의 다른 정신적인 힘은 그것이 속해 있는 것에 저항하게 만드는 요소를 가지고 있는데, 이러한 요소들을 최고치로 끌어올려서 자신을 전체와 일치시키도록 만들기도 한다. 또 다른 힘은 이것들을 철저하게 밖으로 내몰아 전체에 속하려는 요구를 완전하게 제거해 버리기도 한다. 두 번째와 세 번째의 경우 인간의 정신은 정의를 서로 다른 방향으로 이끌어 가고 있다. 첫 번째의 경우, 이것은 존재의 기본적인 요구를 무시하고 자신을 위험에 처하게 만든다. 이런 심리학적인 예는 힘의 생물학적, 사회학적인 구조에서도 유사하게 발견된다. 이 문제에 대해서는 다음 장에서 계속하겠다.

우리가 힘에 대해서 살펴본 것과 같이, 정의도 사랑 안에 내재되어 있는 것이다. 개별적인 사랑에 대한 것이든 아니면 전체 사랑에 대한 것이든 만일 사랑이 정의를 포함하고 있지 않다면, 그것은 혼란스러운 자기-포기일 뿐이며 사랑의 주체뿐 아니라, 사랑의 대상도 모두 파괴시킬 것이다. 사랑은 분리된 것을 재결합시키기 위한 도구이다. 그 기본적인 전제는 세계 속에 재결합되어야 하는 것들이 존재하고 있을 뿐 아니라, 상대적으로 독립적인 존재가 함께 있다는 점이다. 그러므로 완전한 자기-포기를 통한 사랑이 때로는 사랑의 완성으로 추앙받기도 한다.

하지만 나는 여기에서 한 가지 질문을 하려고 한다. 이것은 어떤 종류의 자기-포기를 말하는 것인가? 과연 포기라는 것은 무엇인가? 만일 존재의 힘이 약해져서 완전히 포기하고 사라질 지경에 이르게 되었다면, 이것은 아무것도 아니다. 이는 자신의 내면으로부터 정의를 위한 기본적인 요구에 따라서 주어진 정의를 받지 못한 무기력한 하나의 자아일 뿐이다. 이와 같이 무기력한 자아의 자기-포기는 진정한 사랑을 보여주지 못한다. 왜냐하면 이것은 쉽게 사라져 버리며 분리된 것을 결합시킬 수 없기 때문이다.

이와 같은 종류의 사랑은 책임감 있고 창조성을 지니고 있는 자아를 없애 버리려는 욕망일 뿐이다. 이 욕망은 사랑의 행동을 통해서 사람을 책임감 있게 만들어 다른 자아에게 참여할 수 있는 길을 없애 버린다. 이런 식으로 자기를 포기한 사람은 절대로 자기 자신에게 정의를 가져올 수 없기 때문에, 이런 자기-포기는 다른 사람에게도 정의를 가져올 수 없다. 존재의 힘을 확인하고 이 힘 속에 내재되어 있는 정의의 요구를 받아들이는 것이 자아를 위한 정의이다. 이러한 정의 없이는 재결합하게 만드는 사랑이 존재할 수 없다. 왜냐하면 아무 것도 다시 결합할 수 없기 때문이다.

이것은 우리가 자아-사랑과 자아-통제에 관해서 질문했던 것과 비슷한 방법으로 자아를 향한 정의에 대해 질문하게 만든다. 우리는 이 두 단어의 은유적인 사용에 대해서 이미 살펴 보았다. 이제는 같은 질문을 정의와 연결해서 생각해야 한다. 독립적인 자아는 다른 자아가 아무리 자기 자신과 비슷하다고 하더라도, 정의의 요구에 대한 결정을 결코 다른 자아에게 맡기지 않는다. 그러나 사람은 자아에 대한 정의를 말하려고 할 때 여러 요소들 중에서 그 중심이 되는 요소가 무엇인지를 결정할 수 있는 분명한 감각을 가지고 있다. 예를 들어서 이와 같은 정의의 감각은 자기-통제의 청교도적인 방식이 정당하지 못한 것이라고 결정한다.

왜냐하면 이것은 정의의 요소들 중에서 분쟁에 대한 일반적인 조정을 위해 받아들여야만 하는 정당한 요구를 지니고 있는 개인적인 자아를 제외시켰기 때문이다. 억압은 자아를 무시하기 때문에 매우 부정의한 것으로 이것은 모든 부정의한 결과를 만들어낸다. 더 나아가 그것은 선택되지 못한 여러 요소들에 대해 저항하려고 하기 때문에 결국 자아를 파괴하게 된다. 그러나 내가 이렇게 말하는 것은 중요한 결정을 하는데 있어서, 모든 투쟁들에 대한 무분별한 허용이 자아를 위한 정의의 요구라고 주장하는 것은 결코 아니다. 이것은 어쩌면 더 큰 부정의를 일으키는 요소가 될 수도 있다. 왜냐하면 이것이 균형잡힌 중심 형성을 불가능하게 하고, 또 자아를 단절된 충동에 밀어넣어서 주체를 해체시킬 수도 있기 때문이다. 그러므로 청교도적인 형식이나 닫힌 구조의 자아-통제는 부정의한 것이 되고 만다. 자아를 위한 정의로운 것이 되려면, 중단이나 혼란 때문에 자아를 잃어버리지 않고 가능하면 많은 가능성들이 실현되도록 해야만 한다.

이것은 사랑의 관계 안에서 자신을 향한 부정의한 행동을 멈추라는 경고이다. 왜냐하면 이것은 우리 자신을 향해서 벌어지는 부정의한 것을 받아들이고 있는 어떤 이를 향해서 또 다른 부정의를 저지르고 있기 때문이다. 이런 사람은 결코 정의롭게 될 수 없다. 왜냐하면 자신이 받은 학대로 더욱 스스로를 학대하도록 강요당하고 있기 때문이다.

　사랑은 정의가 요구하는 것보다 더 큰 것을 요구하지 않는다. 오히려 사랑은 정의의 궁극적인 원리이다. 사랑은 재결합하게 한다. 그리고 정의는 재결합된 것을 유지시켜 준다. 이것이 사랑이 실현되고, 또 현실화되는 구체적인 모습이다. 정의의 가장 궁극적인 형태는 '창의적인 정의'이다. 그리고 창의적인 정의는 헤어진 것들을 재결합하게 만드는 사랑의 아주 구체적인 모습이다.

PART 05
개인적인 관계에서 정의와 사랑과 힘의 일치

존재론과 윤리

개인적인 만남 속에서의 정의

개인적인 만남에서의 정의와 사랑의 통일성

개인적인 만남에서의 정의와 힘의 통일성

■■■ 존재론과 윤리

우리는 앞의 네 장에서 이 책의 주제인 존재론적인 기초를 살펴보았다. 그리고 남은 세 장에서는 이 주제에 대한 윤리적인 구조에 대해 탐구하려고 한다. 이런 구조는 건축학에서 아이디어를 빌려온 것이지만, 건축학처럼 정확하게 맞아 떨어지는 구조라고 생각해서는 안 된다. 왜냐하면 이 주제를 논하면서 하부 구조와 상부 구조를 나누는 것은 사실상 불가능하기 때문이다. 우리가 윤리적인 기능들을 생각하지 않고 '사랑, 힘, 정의'에 대한 존재론적인 기초에 대해서 토론하는 것은 가능하지 않은 일이다. 또한 존재론적인 기초에 대해서 계속적으로 탐구하지 않고 윤리적인 기능에 대해서 토론하는 것 역시 무의미하다.

윤리학이란 인간에게 주어진 도덕적 명령의 근원들에 대해서, 그 명령의 유효성의 범주에 대해, 그 명령의 내용적인 근원에 대해서, 그리고 이것의 실재적인 동력들(forces)에 대해 물으면서, 인간의 도덕적인 실존에 대해 연구하는 학문이다. 이러한 질문들에 대한 대답은 직/간접적으로 존재의 원리와 관련되어 있다. 이와 같은 네 가지 질문들에 대한 대답은 인간 존재와 보편적인 존재들에 대한 분석을 통해서만 가능한 것이다. 존재의 본성에 대해서 직/간접적인 확인 작업을 거치지 않고 윤리 문제에 대해서 대답하는 것은 가능하지 않은 일이다.

존재론으로부터 윤리를 구분하는 가장 중요한 시도는 가치에 대한 철학이다. 시간적으로 19세기 중반 이전에 나온 가치 이론이 이 철학의 출발점이다. 이 이론이 대두되면서 철학적인 중요성을 확보하게 된 이유는 분명하다. 소위 말하는 독일의 고전철학, 특히 헤겔 철학이 내리막을 걷게 되면서, 자연과 사람에 대한 해석은 기술적인 과학과 물질주의적인 존재론으로 그 자리를 옮겨가게 되었다. 자연스럽게 윤리는 생물학, 심리학 혹은 사회학적인 문제가 되게 되었다.

모든 종류의 의무(ought-to-be)는 존재(is)의 문제로, 모든 규범(norm)은 사실(fact)에 대한 문제로, 모든 생각(idea)은 이데올로기(ideology) 문제로 바뀌게 되었다. 이런 상황 속에서 철학자들은 인간의 존엄성과 존재 의미의 토대가 되는 구체적인 삶의 현실의 여러 요소들이 어떠한 유효성을 지니고 있는가를 잘 살펴야 하는 의무를 갖게 되었다. 이러한 작업을 '가치에 대한 원리'라고 부른다.

이들은 가치란 그것 자체가 실질적인 측면과 동시에 이론적인 측면을 함께 지니고 있다고 주장하였다. 가치는 자연주의적인 이해의 방식대로 존재론적인 상하 관계를 따지지 않는다. 선후 관계에 따라 결정되는 존재론적인 구분은 물질주의적인 것이기 때문에, 이들은 가치의 영역에 대한 존재론적인 토대를 만드는 그 어떤 시도도 거부한다.

선(the good), 아름다움(the beautiful), 진실(the true) 등에는 존재론적인 성격이 없다. 이것들에게 의무론적(ought-to-be)인 성격은 있지만, 존재론적(is)인 성격은 없다. 이것은 자연주의적 성격을 띠고 있는 환원주의자들이 가지고 있는 현실에 대한 이해를 거부하면서, 윤리적인 규범들이 지니는 유효성을 생각해 볼 수 있는 매우 독창적인 방법이다. 하지만 이 방법은 양 방향으로부터 공격을 받기도 한다. 과학의 지원을 받은 생물학, 심리학, 사회학 등에 정통한 사람들은 이것 자체가 지니고 있는 가치를 찾기보다는 과학적인 옳고 그름을 더 중요하게 생각한다. 이들은 생물학적, 심리학적, 사회학적 법칙들에 대한 증명을 통해서 개인적이며 사회적인 가치들을 충분히 설명할 수 있다고 생각한다. 그리고 가치란 유효성에 대한 것이 아니라 발생과 성장과 쇠퇴에 대한 설명을 통한 평가라고 생각한다. 이들은 삶의 역동성에 대해 더 깊게 들어가면서 자신들의 주장을 옹호하기 위해 증거들을 선별적으로 수집한다. 마치 존재와 가치 사이의 안전지대는 사라져 버린 것처럼 보인다. 하지만 가치란 존재에 대한 설명들이기 때문에, 그들은 어떤 한 장소를 초월해 있는 존재에 대해서는 판단할 수 없다. 결국 이들의 가치-철학에 대한 저항은 점점 더 그 세력이 약해졌다.

가치 철학에 대해서 훨씬 더 결정적인 공격은 그 반대편에서 제기되었다. 이것은 가치 자체의 본질에 대한 분석이다. 가치는 존재를 통해서 그리고 존재 안에서 실현되어야 한다. 여기에서 질문이 생긴다. 만일 가치가 존재 안으로 참여하는 것이 불가능하고, 단지 존재와 가치 사이에 서로 연결할 수 없는 차이만 존재한다면 어떻게 이 실현이 가능할 것인가? 어떻게 존재 밖에서 만들어진 명령 체계가 존재에 영향을 미칠 수 있는가?

이 질문에 대해서 완벽하게 대답하려면, 존재를 기계적인 필요에 의한 것으로 설명해야 한다. 하지만 만일 자유가 확인되면—이것은 가치 이론을 위한 과학주의적인 결정론에 반하는 존재론적인 반론이다—또 다른 질문이 제기된다. 어떻게 존재 너머로부터 오는 명령들이 실존하고 있는 존재들을 위한 의무라고 여겨질 수 있겠는가? 실존과 의무 사이에는 필연적인 연관이 없는데도 말이다.

가치 이론은 이런 질문들에 대해서 완벽하게 대답할 수 없다. 그러나 가치에 대한 다음과 같은 질문을 더 이상 회피할 수도 없다. 그것은 바로 가치에 대한 존재론적인 기초에 대한 질문이다. 가치라고 불리워온 것들은 어떻게 존재 그 자체에 뿌리를 내리고 있는가? 조금 더 깊게 생각해 보면, 과연 가치 이론을 주장하는 것은 어떤 의미인가? 윤리의 기초에 대해서 살피려면, 현실의 구조에 대해서 살펴보는 것이 훨씬 더 적절한 일이 아닌가? 다시 말해서 가치 이론 자체는 존재론으로 환원해서 살펴보아야 하는 것이 아닌가?

그러나 가치 이론에 대한 비평들이 받아들여진다 하더라도, 다른 편에서는 가치 이론에 대한 존재론적인 접근을 피하여 다른 대안을 제시하려고 할 것이다. 이러한 접근과 관련하여 그 첫 번째는 '실용주의적인 접근'이다. 실용주의는 윤리적인 규범이 인간 경험을 객관화시킨다고 주장하면서, 규범은 실용적으로 가장 적절한 행동을 묘사하는 것으로 설명하고 있다. 하지만 이것에 대한 즉각적인 반응이 나타난다: 무엇에 대한 적절함인가? 모든 상황은 윤리적인 측면에서 보면 모호하다. 적절함이란 상황에 대한 다른 대답을 의미하는 것일 뿐이다. 실용주의자들은 존재론—의식적인 존재론, 무의식적인 존재론은 언제든지 있기 때문에 여기서는 의식적인 존재론이라고 부르자—으로부터 벗어나기 위해서 실용주의적인 적절성에 대한 범주를 따지는 것을 금기시하고 있다.

두 번째는 반대편의 것으로 '신학적인 접근'이다. 윤리적인 규범들은 신으로부터 받은 것이다. 이것이 바로 윤리적 규범의 유효한 근거다. 이 접근은 실용주의나 가치 이론이 도덕 명령의 절대성에 대해 전혀 설명하고 있지 않고 있는 윤리적인 경험의 질을 중요하게 생각하는 것으로 보인다. 신학적인 대안은 정말로 존재론을 회피하고 있는 것인가? 이 질문에는 두 가지 해석이 가능하다. 첫째는 타율성에 관한 것이고, 둘째는 신율적인(theonomous) 것이다. 타율은 도덕 명령이라는 절대적이며 어떤 범주에도 속해 있지 않는 것으로 신의 의지의 표현이라고 이해하고 있다. 이것은 인간 본성에 대한 적절성을 기준으로 측량할 수 있는 것이 아니라, 이것은 계시의 영역으로 우리가 무조건 따라야 하는 것이다.

하지만 이것에도 우리는 질문을 던지게 된다. 왜 이 신성한 법률 제정자의 명령을 모든 사람이 따라야 하는가? 인간 독재자들의 명령과 이 명령에는 어떤 차이가 있는가? 그는 나보다 힘이 셀 뿐 아니라 심지어 나를 파괴할 수도 있다. 그러나 이것은 개인이 이상한 의지에 자신을 복종시키는 것은 두려움 때문이지 실제로 파괴가 일어나는 것은 아니지 않은가? 다시 말해서 만일 복종하지 않는다면 그것은 단지 도덕 명령을 거부하는 것 이상은 아니지 않은가?

한편, 도덕 명령에 대한 다른 신학적인 기초는 신율이다. 이것은 타율적인 방법에서 언급한 파괴성과는 거리가 멀다. 이와 같은 이유 때문에 존재론과 연결되는 것이다. 이것은—전통적인 신학에서는 널리 인정되어 온 그대로—신으로부터 부여된 법은 필수적인 인간의 본질로, 법이야 말로 인간과 대면하면서 인간을 각성시키고 있다는 점을 확인하고 있다. 만일 사람이 자신으로부터 소외되지 않으려고 하면서, 그의 본질적인 기초가 삶의 실존에 의해서 뒤틀려지지 않으려고 한다면, 그 어떤 법률도 인간을 대면하여 반대편에 서 있지는 않을 것이다. 법은 사람에게 결코 낯선 것이 아니라 자연스러운 것이다. 이것은 사람이 헤어져 있었던 것으로부터 진정한 본질을 드러낸다. 모든 유효한 윤리적인 명령은 사람이 자신, 타인, 그리고 우주와 직면해서 맺는 관계의 표현이다. 이것만이 사람을 복종하게 만들고, 자아-파괴의 가능성을 부정하게 만든다. 비록 도덕 명령의 내용이 조금 의심스럽고 조건적인 것이라 하더라도, 이것만이 도덕 명령의 무조건적인 형식을 중요하게 생각하도록 만든다.

그리고 신율적인 해결은 반드시 존재론적인 문제를 일으킨다. 만일 하나님이 이상하고 변덕스러운 신이 아니라면, 그리고 또한 그의 권위가 타율적인 것이 아니라 신율적인 것이라면, 존재론적인 전제들이 받아들여지게 된다. 신율적인 윤리는 존재론을 포함한다. 그리고 신율은 이것이 자리잡고 있는 존재론적인 기초들을 더욱 명확하게 만든다. 만일 사랑과 힘과 정의의 윤리에 대한 풀리지 않는 문제들을 해결할 수 있다면, 사랑과 힘과 정의의 기초에 대한 존재론적인 설명들은 설득력을 갖게 될 것이다. 이것이 가능하려면 우리는 사랑과 힘과 정의의 윤리적인 기초를 개인적인 관계 영역과 사회적인 영역과 거룩한 것의 영역들과 함께 고려해야만 한다. 첫 번째 영역은 정의의 관한 것이고, 두 번째는 힘, 세 번째는 사랑에 관한 것이다. 그러나 이 세 영역은 모두 다른 영역에 영향을 미치고 있다.

그리고 세 번째는 고유한 특징을 지니고 있으면서, 다른 영역들의 질적인 측면에서 영향을 미치고 있다. 이제 우리는 개인적인 인간 관계 안에서 사랑과 힘과 정의의 의미, 사회 기구들 속에서의 사랑과 힘과 정의의 의미, 그리고 신성한 것과 관련에서 사랑과 힘과 정의의 의미에 대해서 차례로 생각해 보겠다.

개인적인 만남 속에서의 정의

사람은 다른 사람과의 만남을 통해서 진정한 사람이 된다. 즉 '당신'을 만나게 되었을 때, 사람은 비로소 자신이 '자아'(ego)를 지닌 존재라는 것을 깨닫게 된다. 우주에 있는 그 어떤 것도 이런 일을 대신해 줄 수 없다. 사람은 모든 방향으로 뻗어 나갈 수 있는데, 어떤 때에는 앎을 통해서 이런 일이 가능해지고, 또 어떤 때에는 역설적으로 통제를 통해서도 가능하다. 사람은 자신의 목적에 따라 모든 것을 사용할 수 있다. 동시에 사람은 제한적인 존재이다. 어디까지가 인간 능력의 한계인지 말할 수 있는 사람은 아무도 없다. 그러므로 사람은 우주와의 만남을 통해서 상상 가능한 그 어떤 한계도 초월할 수 있다.

그러나 사람의 한계는 분명하다. 왜냐하면 이 모든 일은 사람이 다른 존재들을 만나는 과정에서만 일어나기 때문이다. 다른 존재, 즉 당신(thou)은 내가 다른 곳으로 옮겨 버리거나 뚫고 지나가거나 소모해 버리거나 할 수 없도록, 마치 내 앞에 장벽처럼 서 있다. 만일 누군가가 이렇게 하려고 시도한다면, 그 사람은 자신을 파괴해 버리게 될 것이다. 왜냐하면 '당신'의 존재를 인정하고 받아들이는 것은 내 '자아'를 인정하고 받아들이는 것과 같기 때문이다. 이것은 존재 내면에 자리잡고 있는 요구이다. 사람은 다른 사람들의 기본적인 요구에 대해 듣기를 거부할 수 있다. 그리고 정의에 대한 요구를 무시하고 지나쳐 버릴 수도 있다.

사람은 자신을 쓸모 없는 존재으로 여기거나 혹은 하잖은 존재로 여길 수도 있다. 그리고 자신을 단지 다루기 쉬운 어떤 물건이나 도구처럼 취급할 수도 있다. 그러나 사람은 자신의 자아를 발견하게 되면서 이러한 것에 반대하는 저항감을 형성하게 된다. 그리고 이런 저항 의식은 다른 사람에게도 역시 자아가 있음을 발견하면서 자신만을 위한 자아 추구를 포기하게 만든다. 타인에 대한 부정의는 언제나 자신에 대한 부정의와 연결되기 마련이다. 노예를 자아가 없는 동물처럼 다루는 주인은 자기 자신 또한 그렇게 다룰 가능성이 다분하다. 노예가 존재한다는 사실 자체가 그 주인에게 노예가 당하고 있는 고통만큼의 고통을 주고 있기 때문이다. 외적인 불평등은 주인의 내적인 자의식에 악영향을 미치면서 균형을 맞추게 된다.

이런 점에서 '황금률'(Golden Rule)이야말로 개인적인 관계에서 정의의 원리를 다루는 가장 좋은 방법으로 생각될 수 있다. 예수께서도 이것을 언급하셨다. 이것은 아주 실제적이고 지혜로운 표현으로 내가 받기를 원하는 것만큼 다른 사람을 대접하라는 것이다! 하지만 엄밀하게 말하면 이것은 개인간의 관계에서 정의에 대한 문제의 영역을 정확하게 다루는 것은 아니다. 왜냐하면 개인이 어떤 이익을 취하는 과정에서 그 이익들이 자기 자신에 대한 정의의 문제와 충돌하거나 다른 사람에 대한 불평등의 문제를 일으키는 경우도 종종 있게 된다. 즉 부정의하게 주고 받는 것이 많이 있을 수 있기 때문이다.

물론 우리에게 이러한 상황이 발생하면 거부해야 한다. 이것이 분명히 드러나는 어떤 악의 문제와 연결되어 있다면, 우리는 이것을 거부하는 것에 크게 어려워 하지 않는다. 하지만 우리가 당연히 요구할 수 있는 정당한 것으로 생각될 때는 거부하는 일이 여간 어려운 것이 아니다. 그러면 우리는 주저하게 된다. 그리고 우리가 내면에서 갈등하고 있는 것만큼 다른 사람들도 의심하게 된다.

우리는 자신의 삶 가운데 드러난 명백한 요구들 뒤에 숨어 있으면서 거부해 왔던 것들, 예를 들어 무의식적인 적대감, 지배하고 싶은 욕망, 빼앗고자 하는 의지, 자아를 파괴하려는 숨은 욕망 등에 대해서 생각하게 된다. 이런 모든 경우를 생각해 보면 우리는 개인과 개인 간의 만남에서 정의의 문제를 '황금률'만으로는 모두 설명할 수 없다는 것을 깨닫게 된다.

우리는 개인적인 만남에서 아주 유효하면서도 공식적인 정의의 문제가 제기되고 있음을 보았는데, 이것은 다른 사람을 나와 같은 사람으로 인정하는 가운데 생기는 것이다. 그리고 '황금률'만으로는 정의의 문제를 내용적으로 완전하게 다룰 수 없다는 점도 생각해 보았다.

여기에서 또 다른 질문이 제기된다. 과연 이 문제의 내용을 적절하게 다룰 방법은 없는 것인가? 이 질문에 대한 가장 적절한 대답 중 하나는 문화 과정에 대한 접근이다. 왜냐하면 문화의 내용은 인간의 경험, 즉 실행되고 있는 법률과 전통, 권위, 그리고 개인적인 양심 등 다양한 것을 모두 포함하고 있기 때문이다. 자신의 양심에 따라 이러한 규칙들을 지키기로 결심한 사람들은 개인 간의 관계에서 정의에 대한 확고한 기준을 가지고 있다. 인류에게는 윤리적인 지혜가 필요한데, 이것은 보석과도 같은 것이다. 왜냐하면 이것이 자아-파괴를 막을 수 있기 때문이다. 그리고 이것을 종교적으로는 일반 계시라고 부르는데, '일반 계시'란 하나님이 자신을 드러내시는 보편적인 방법을 말하는 것이다. 정의는 존재의 힘의 한 형태이기 때문에, 인간 존재는 다른 사람과 대면하는 가운데 생기는 정의라는 구조물 없이는 단 한 순간도 존속될 수 없다.

대부분 일상 속에서 우리가 경험하는 만남들은 이와 같은 정의의 요소들을 결정짓는 아주 중요한 것들이다. 어떤 경우에는 법률이나 전통이나 권위가 인간 개인의 양심보다 더 우월하게 작용할 때가 있다. 이것은 다른 측면에서 보면 상당히 중요한 것인데, 때때로 이것은 소포클레스의 '안티고네' 같은 비극적인 갈등을 만들기도 하기 때문이다. 하지만 이런 경우는 우리가 다루려는 결정적인 문제가 아니다. 개인적인 양심과 객관적인 규칙들은 상호의존적이다. 법률과 전통과 권위들은 개인적인 양심에 따르는 결정들에 의해서 정의의 기본 요소들로 만들어진다. 한편 양심은 법률과 전통과 권위들이 개인의 마음 속에 내면화되어 외적인 강제가 필요 없는 정의의 규칙들을 형성해가는 과정 속에서 만들어지는 것이다. 이것을 우리는 역설적으로 설명할 수 있다. "법은 외형화된 양심이고, 양심은 내면화된 법이다." 이와 같이 정의의 규칙들은 법과 양심의 상호작용에 의해 만들어진다.

이러한 상황을 뛰어넘을 수는 없는 것인가? 법과 양심의 상호작용 말고, 개인과 개인 간의 관계에서 정의의 문제를 생각할 수 있는 다른 내용들을 찾을 수 있는 방법은 없을까? 한 가지 더 생각해 볼 수 있는 대답은 고전적인 자연법에 관한 이론이다. '자연법'이란 인간 관계에서 가장 보편적이고, 불변하며 유효한 구조를 찾을 수 있다는 신념이다. 전통적인 신학에서는 구약성서의 '십계명'이나 신약성서에서 '예수의 산상수훈' 같은 것들을 대표적인 자연법으로 생각해 왔다. 그리고 로마 가톨릭에서는 이 두 가지에 대한 교회 해석을 추가하였다. 교회는 이 두 가지가 자연법이라는 점에 부인하지 않는다. 그러나 이것들에 대한 인식이 비효율적으로 왜곡된 부분이 있기 때문에 교회는 이것들에 대해서 다시 진술해야 한다.

그러나 교회가 어떤 해석을 내리든, 이 두 가지는 원칙적으로 자연법으로 인정되고 있다. 한편 우리는 자연법에 대한 두 가지 기본 특징인 평등과 자유에 대해 분석하면서, 이러한 원리들이 어떤 확고한 결정을 내려야 하는 순간에는 정해진 것 없이 가변적이며 상대적인 것이 되고 있다는 것을 살펴보려고 노력하였다. 이것이 바로 자연법의 내용들을 보여주고 있다. 그리고 이것은 마치 성적인 관계를 통제하려는 원리들과 같은 것이다. 이러한 관계들에 대한 정의는 역사적인 상황 속에서 악의적인 갈등 관계에 의해서 만들어진 것이다.

이런 점에서 보면, 자연법에 대한 생각도 정의의 내용에 대해서 완전한 설명을 제공해주지는 못하고 있다. 사실 이 질문에 대한 대답은 정의의 문제 한 가지만 생각해서는 풀리지 않는 것이다. 왜냐하면 정의의 내용에 대한 질문은 사랑과 힘의 원리들과 연결되어 있기 때문이다.

개인적인 만남에서의 정의와 사랑의 통일성

분배 정의는 구체적인 상황 속에서 드러나는 요구들을 모두 충족시킬 수 없지만, 이것을 사랑은 할 수 있다. 우리는 정의가 더 이상 문제에 관여할 수 없을 때에 사랑이 시작된다고 말해서는 안 된다. 왜냐하면 사랑이란 구체적인 상황에서 무엇이 정당한 것인가를 말해주고 있기 때문이다.

어떤 사람이 이렇게 말한다면, 그것은 다른 어떤 것보다도 거짓된 것이다: "나는 당신을 사랑하오, 그리고 당신도 나를 사랑하고 있소. 그러므로 우리 이제 더 이상 당신과 나 사이에서 정의에 대해서 말하는 것은 그만둡시다. 정의는 우리의 사랑을 무너뜨릴 뿐이오." 이런 말은 단지 정의가 실행되어야 하는 의무를 회피하기 원하는 사람들이 사용하는 수사일 뿐이다. 전제 군주가 백성들을 향해서 종종 이런 말을 한다. 또 아이들을 마음대로 대하는 부모가 자녀들에게 이런 말을 하기도 한다. 심지어 그들은 이런 말을 직접 하지는 않더라도 그렇게 행동하고 있다. 이것은 정의를 지켜야 하기 때문에 생기는 자기-제한의 문제와 책임의 문제를 벗어날 수 있는 아주 지혜로운 방법이다. 정의를 초월한 사랑은 자기를 포기한 감정적인 폭발, 즉 단지 자신의 적대감을 숨긴 감정적인 표현일 뿐이다.

그러므로 사랑은 정의가 줄 수 없는 것을 줄 수 있다고 말하거나, 사랑이 정의의 요구를 넘어 자기-포기를 할 수 있게 해주는 것이라는 표현은 거짓이다. 오히려 분배 정의를 지키기 위해서 자기를 포기해야 하는 경우가 더 많다.

예를 들어 어떤 사람의 존재적인 한계가 그 사람을 죽음으로 몰고 간 경우가 그런 것이다. 한편 분배적인 정의 때문에 자기를 포기하는 경우 외에도 다른 종류의 자기-포기들도 있다. 이것들은 사랑의 요구에 의해서 오는 것이다. 그러나 이런 경우에도 정의의 문제와 상관 없는 것이 아니라, 창조적인 정의가 요구하는 것이다. 왜냐하면 정의에 있어서 창조적인 요소는 사랑이기 때문이다.

이런 점에서 사랑과 정의의 관계는 계시와 이성의 관계와 비슷한 것이다. 그리고 이것은 단지 우연적인 추론이 아니다. 이러한 접근은 계시와 사랑의 본질에 그 뿌리를 두고 있다. 계시와 사랑은 이성적인 범주를 벗어나는 것이지만, 결코 이성을 파괴하지는 않는다. 이 두 가지는 모두 '황홀하게 만드는 요소'를 지니고 있다. 마치 계시가 황홀감 속에 있는 이성이라고 설명되는 것처럼, 사랑에 대한 표현들, 예를 들어서 고린도전서 13장에서 바울이 이야기한 것과 같은 표현들은 황홀감 속에서의 정의라는 말로 설명해도 될 것이다. 이런 점은 자신이 경험한 계시의 사건들과 사랑의 일이 모두 성령에 의해서 이루어진 것이라는 바울의 고백을 통해서 증명되고 있다.

그리고 계시가 인지적인 이성이 결정해야 하는 영역에 추가적인 정보를 제공해주지 않는 것처럼, 사랑 또한 실천적인 이성이 결정해야 하는 영역에 추가적인 행동을 설명하지는 않는다. 계시가 인지적인 이성과 사랑이 실천적인 이성과 관계하면서, 이 둘은 이성의 다른 면을 보여주고 있다. 이것은 이성에게, 즉 보다 깊은 영역들에게 무엇인가를 제공하고 있는데, 계시와 사랑은 모두 이성에게 제공하는 것에 대해서 부인하지 않는다. 계시가 인지적인 이성의 구조에 모순되지 않는 것처럼—그렇지 않으면 계시는 불가능하게 된다—, 사랑도 정의와 모순되지 않는다—그렇지 않으면 사랑은 구체화 될 수 없다—. 이런 점에 대해 우리는 이미 앞에서 인간의 도덕적인 행동의 전 영역이 영적인 힘의 현존에 의존하고 있다는 점을 생각하면서 살펴보았다.

창조적인 정의의 세 가치 측면, 즉 '듣기, 주기, 용서하기' 등을 통해서 개인적인 만남을 통한 사랑과 정의의 관계에 대해 설명할 수 있다. 이 세 가지 가운데 사랑은 정의가 요구하는 것보다 더 많은 것을 하지는 못한다. 그렇지만 사랑은 정의가 요구하는 것이 무엇인지 깨닫게 된다. 개인적인 관계에서 정당한 것이란 과연 무엇인지를 알기 위해서 사랑은 듣는다. '듣는 것'은 첫 번째 과제이다. 상호 간에 듣는 것 없이는 그 어떤 인간 관계도, 특히 가까운 관계에서는 더욱 성립될 수 없다. 꾸짖음이나 대답이나, 변호하는 말은 모두 분배적인 정의의 범주 안에 들어가는 것이다.

그러나 만일 서로 조금 더 주의 깊게 들어본다면, 이러한 것들이 정당하지 못한 것이었을지도 모른다는 사실을 알게 된다. 소위 모든 사물과 사람들은 작은 목소리나 때로는 큰 목소리로 우리를 부르고 있다. 그들은 우리에게 듣기를 원하며 그들의 기본적인 요구, 즉 정의의 요구에 대해서 우리가 이해해 주기를 원한다. 그들은 우리에게 정의를 원한다. 그러므로 우리가 그들에게 이것을 줄 수 있는 길은 계속해서 듣고 있는 사랑을 통해서 열리게 된다. 타인에게 있는 것이 무엇인지를 알아보려는 사랑의 시도는 결코 비이성적인 것이 아니다. 이것은 사람의 동기나 삶의 실재적인 거주지에서 발견되는 어두운 면들을 극복하기 위해서 가능한 모든 수단을 사용한다.

　예를 들어서 이것은 인간의 깊은 무의식 속에 자리 잡고 있는 존재의 기본적인 요구를 발견하는데 도움을 줄 수 있는 심층심리학을 이용한다. 이것을 통해서 우리는 인간의 실재 표현이 그들이 원래 의도하거나 바라는 것과는 다르게 나타날 수 있음을 배우게 된다. 때때로 어떤 것은 공격적으로 보이지만, 실제로 그것은 수줍음 때문에 표현하지 못한 사랑일 수도 있다. 때로는 달콤하면서도 지지해주는 말처럼 들리는 것도 실제로는 적대감을 드러내는 증상일지도 모른다. 분명하기는 하지만 적절하지 못하게 언급된 말들은 그것에 반응하는 과정에서 틀림없이 부정의를 발생하게 한다. 듣는 사랑은 개인과 개인의 관계에서 정의의 가장 첫 단계이다. 이것은 또한 살아있는 생물들뿐 아니라 모든 자연들이 서로 만나는 데 있어서도 필요한 기능이다.
　만일 우리가 인간에게 주어진 정의와 부정의에 대한 문제를 자연에게까지 확장시키려 한다면, 조금 더 크고 새로운 분야의 연구가 진행되어야 할 것이다. 예를 들어서 존재론적인 분석을 하기 위해 예술과 시에 관해서 현재 우리가 진행해 온 일보다 더 크고 많은 설명이 필요하게 된다.

　개인적인 관계에서 창조적인 정의의 두 번째 기능은 '주는 것'이다. 이것은 우리가 만나는 사람들이 우리에게 무엇인가를 요구할 수 있는 권리에 속한 것으로, 그리고 아무리 친밀하지 않은 관계라고 하더라도 타인이 사람으로 인정 받아야 한다는 생각에서 비롯되는 것이다. 이것이 주는 일의 최소한이라고 한다면, 이런 최소한의 경우는 극대화되어 드러나기도 한다. 왜냐하면 어떤 경우에는 주변 여건에 따라서 자기-희생을 감수해야 하는 경우도 발생하기 때문이다. 주는 일이 창조적인 정의와 연결되는 경우는 그것이 재결합하는 사랑을 목적으로 하는 때이다. 이런 기준에서 보면 그것은 저항하거나 억압하거나 허용하지 않을 요구를 의미하고 있는 것이다. 여기에서 심리학적인 지혜를 구할 수 있는데, 이 지혜는 주는 사랑과 반대되는 무엇을 하도록 도울 수 있다. 창조적인 정의는 다른 사람을 존재론적인 측면에서 마치 그 사람을 사람으로 여기지 않는 것처럼 희생시키게 될 가능성도 포함한다.

세 번째는 가장 역설적인 형태로 '용서하는 사랑과 정의가 결합된 경우'이다. 이런 결합은 바울 신학에서 가장 중요한 개념 중 하나인 은혜의 칭의로 설명될 수 있다. '칭의'라는 말의 문자적인 의미는 "정당하게 만든다"는 것이다. 바울과 루터는 정당한 대접을 받을 만한 자격이 없는 사람을 정당하게 받아들여 준다는 의미로 이 용어를 사용하고 있다. 정의를 생각하면서 이 교리를 적용하는 것처럼 모순된 것도 없을 것이다. 왜냐하면 이것에 대해서 말하는 모든 사람들은 부정의하고 비도덕적인 행동으로 고발되었다는 것을 의미하기 때문이다.

정당한 행동을 하지 않은 사람을 정당하다고 여기면서 대우하는 것처럼 정의롭지 못한 것은 없다. 그러나 기독교에서 좋은 소식이란 바로 이것을 말하는 것이다. 그리고 이것보다 정의를 성취할 수 있는 더 좋은 길도 없다. 왜냐하면 이것이야말로 유죄 선고를 받은 사람들이 다시 결합할 수 있는 유일한 길을 보여주기 때문이다. 화해 없이 재결합은 불가능하다. 용서하는 사랑이야 말로 모든 존재가 마음 속으로 바라는 결합의 욕구, 즉 처음 출발했던 그곳으로 다시 돌아가고 싶어하는 욕구를 충족시켜 줄 수 있는 유일한 길이기 때문이다. 창조적인 정의는 이 욕구가 받아들여질 것을 요구하고 있다. 더 나아가 분배적인 정의에 의해서 제외된 많은 사람들을 받아들여 줄 것을 요구하고 있다. 이런 사람이 용서의 결합으로 받아들여지게 될 때, 사랑은 두 가지 측면에서 드러나게 된다. 그 하나는 정의의 측면에서 모든 비밀스러운 결과들이 드러나게 되었다는 것을 인정하는 것이며, 다른 하나는 그의 내면의 요구, 즉 정당하게 다시 재결합 될 수 있다는 요구에서 드러나게 된다.

개인적인 만남에서의 정의와 힘의 통일성

　사람을 만나는 일은 계속적인 '힘과 힘의 대응'이라고 해도 과언이 아니다. 사람은 만남 속에서 계속해서 힘을 체감한다. 말이나 몸짓을 통한 표현, 눈짓이나 음성의 떨림, 얼굴과 태도와 움직임 등에서 개인적인 것과 사회적인 것들을 통해 사람은 끊임없이 힘의 관계를 표현하면서 살고 있다. 적이나 친구, 관심이 있거나 없든, 사람 사이의 만남은 의식을 하거나 아니면 무의식이라도 힘과 힘이 만나는 일련의 투쟁과도 같은 것이다. 이런 투쟁 속에서 우리는 존재의 힘과 관련된 결정을 끊임없이 내려야 하고, 또 이런 결정들은 투쟁에 연루된 사람들과의 관계 속에서 계속 구체화 된다.

　창조적인 정의는 이러한 만남들과 그 만남 가운데 발생하는 갈등 상황에 대해 부정하지 않는다. 왜냐하면 이것은 존재가 창조적인 삶을 살기 위해서 반드시 지불해야 하는 대가이기 때문이다. 어떤 투쟁은 개인이 어머니의 태 속에 잉태하는 순간부터 마지막 숨을 거두는 순간까지 계속된다. 진실로 투쟁은 사람이 만나는 모든 사람들과 사물들과의 관계 속에서 계속 발생하는 것이다. 정의란 존재가 투쟁을 경험하면서 힘에 대해 매 순간 내리는 가변적인 결정들을 이끌어가는 형식이다. 좀처럼 부정하기 힘든 진실 가운데 하나는 정의란 이러한 상황 속에서 개인과 개인 간의 만남 가운데 직면하는 힘의 문제에 전적으로 연결되어 있다는 점이다. 하지만 이런 상황은 자칫 우리를 잘못 이끌어 갈지도 모르는 첫인상과 같은 것이다. 왜냐하면 존재가 직면하는 힘과 힘의 투쟁은 이미 한 존재에 한정되어 있는 상황 속에서 발생하고 있다는 점을 충분히 고려하지 않기 때문에 발생하는 오해이기 때문이다.

이것은 마치 식물이 돌이 아닌 것처럼, 짐승이 나무가 아닌 것처럼, 사람이 개가 아닌 것처럼, 암컷이 수컷과 상관이 없는 것처럼 전혀 관련이 없는 것이다. 개인 간의 만남 가운데 발생하는 투쟁들이 생기기 이전에 이미 무수히 많은 질적인 차이들이 있었으며, 이러한 차이들이야 말로 모든 존재가 지니고 있는 가장 기본되는 정의의 기초이다. 그러나 모든 존재의 힘은 매우 왕성한 활동력을 지니고 있기 때문에, 이런 요구들에 대해서 정의를 내리기란 거의 불가능한 일이다. 그리고 이러한 점이 존재의 힘 안에서 새로운 결정이 내려져야 하는가에 대해 정의하기 어렵게 만드는 요소이다.

이것은 또한 부정의의 근거이기도 하다. 만일 새로운 결정이 존재의 중요한 요구들을 파괴하는 것이라면 이것은 정의롭지 못한 것이다. 힘과 힘이 투쟁하는 가운데 어떤 존재가 다른 존재를 누르고 우월한 힘을 드러낸다면 그것은 부정의한 것이 아니다. 이런 과정 속에서 보이는 것은 부정의라기보다 오히려 창의적인 것이다.

그러나 만일 이런 과정 중에서 힘센 쪽이 약한 쪽을 누르고 파괴하는 결과를 가져온다면 그것은 부정의한 것이 된다. 이런 과정은 모든 개인적인 만남에서 종종 드러난다. 이것이 가장 빈번하게 발생할 때는 개인적인 만남이 조직 안에서 벌어지는 경우이다. 특히 조직을 보존한다는 명목 아래 정의롭지 못한 것을 강요하게 되는 경우가 바로 그것이다.

가정에서나 교육 현장에서 혹은 권위적인 삶의 현장에서 심리적인 압박의 상황이 발생하게 되는데, 이것 또한 정의롭지 못한 것이다. 부모는 종종 어린 자녀들에게 심하게 화를 내곤 하는데, 이런 경우에 자녀들은 평생 심리적인 압박에 시달리기도 한다. 이것은 거절당했다는 느낌을 가지고 살면서, 자기 존재의 힘과 정의의 문제를 고려하는 자기-확인의 단계에 이르지 못하게 만든다. 그리고 정당한 요구들이 무시되고 무의식 속에서 자신을 파괴하거나 다른 사람들을 파괴하는 형태의 부정의한 모습으로 바뀌게 된다.

한편, 이것은 부모들에게도 좋지 않은 영향을 미쳐서 부모들 스스로 자녀들에게 거절당했다고 생각하게 되고, 자녀가 자신들을 피한다고 생각하게 된다. 부모로서 가지고 있는 내면의 요구들은 전혀 이루어지지 않는다. 권위는 이러한 외적인 억압 요소 외에도, 심리적인 갈등을 유발하여 다른 사람과의 만남에 좋지 않은 영향을 미칠 수 있다.

여기에서 우리는 권위가 지니고 있는 두 가지 측면을 살펴야 한다. 하나는 그 성격상 본래부터 정의롭지 못한 것이고, 다른 하나는 정의로운 것이다. 전자의 경우는 '원리로서의 권위'이고 후자는 '실질적인 측면에서의 권위'이다. 원리로서의 권위란 한 사람이 위치해 있는 자리 자체에서 오는 권위로 그 자리에 대해서는 어떤 비판도 있을 수 없다고 여겨지곤 한다. 예를 들어서 가장 유명한 예로, 교황의 자리에 대한 가톨릭 신자들에 대한 권위가 이런 것이다. 정통 신교도들에게는 성서가 지니고 있는 성서로서의 자리가 그렇고, 전체주의 국가에서는 독재자들의 자리가 이런 것이다. 또한 자녀들에게 부모의 자리가 원래부터 내려오는 것이기에 이런 측면이 아주 강하다. 만일 선생이 학생에게 권위로부터의 자유를 허락하지 않는다면 선생의 자리 또한 이러한 성격이 매우 강한 자리이다. 모든 '원리로서의 권위'는 정의롭지 못하다. 왜냐하면 이것은 존재가 궁극적인 결정을 내리는 데 가장 결정적인 역할을 하고 있다는 점을 부정해 버리기 때문이다. 이와는 달리 '실질적인 측면에서의 권위'는 모든 사람이 삶의 일상에서 연습하면서 서로 받아들이는 권위를 말한다. 이것은 살아가면서 서로 의존하고 있다는 점과 우리 존재가 유한하고 파편적인 것이라는 사실, 그리고 우리가 다른 사람들에게 미치는 힘에는 한계가 있음을 말하는 것이다. 이러한 점으로 볼 때 '실질적인 측면에서의 권위'는 정의로운 것이다.

이런 상황은 우리의 교육 시스템에 꼭 반영되어야 한다. 우리는 반드시 교육 수단이 정의로운 것인지를 물어야 한다. 왜냐하면 이것은 표면적인 이유들로 인간이 지녀야 하는 가장 기본적인 독립성을 해칠 수 있기 때문이다. 그러므로 우리는 교육이 너무 큰 힘을 행사하는 억압적인 방법론을 사용하고 있지 않은지 물어야 한다. 그리고 교육적인 많은 수단들은 반드시 개인이 자신의 존재를 스스로 만들어가는 것에 초점을 맞추어야 한다. 만일 개인이 창조적인 모습으로 되어가는 것을 방해한다면 이 교육은 정의롭지 못한 것이다.

마지막으로 한 가지를 더 지적하겠다. 실존철학자들이 지난 백여 년간 창조적인 측면에서의 변혁에 기여한 점은 바로 사람이 수단적인 측면에서 탈피하여 자기 개인의 창의성에 근거한 기본적인 요구들을 끌어내어서 새로운 정의의 길을 열어 주었다는 것이다.

PART 06
그룹 관계에서 힘과 정의와 사랑의 일치

자연과 사회 속에서 힘의 구조

사회 그룹들의 만남 속에서 사랑과 정의와 힘

- 지금까지 다섯 장에서 우리는 인간 관계들 속에서 사랑과 힘과 정의가 어떻게 드러나는지에 대해 다루었다. 이것은 우리가 그것 안에 있는 다른 형태들과 문제들을 분석하면서 볼 수 있는 사람과 사람과의 관계를 말하는 것이다. 또한 이러한 관계는 반드시 공간 속에서 벌어지는 일이다. 그리고 이것 뒤에는 사회적인 구조가 숨겨져 있다. 그러므로 우리는 먼저 다음의 것을 생각해야 한다. -

■■■
자연과 사회 속에서 힘의 구조

힘에 대해 분석하면서, 이것은 한 사람이 이해하려고 노력하는 다른 존재와의 관계에서 벌어지는 존재의 힘을 말하는 것이라고 생각하였다. 이것은 개인에게 정의를 주거나 혹은 빼앗아가는 전체적인 것들, 그리고 정의로운 행동들을 위한 규범들, 즉 전통, 관습, 법률 등을 만드는 것들을 수용하는 일들과 밀접하게 관련되어 있다. 하지만 이것은 우리가 이전에 관심을 가졌던 단체들의 행동을 말하는 것은 아니다. 이제 우리는 아주 실제적인 삶의 영역에 대해서 주의를 기울여야 한다.

힘의 구조는 항상 비유기적인 물질들, 즉 크리스털, 분자, 원자 등에 초점이 맞추어져 있을 뿐 아니라, 유기적인 존재들에게도 마찬가지로 중심이 맞추어져 있다. 이들 중에서 후자에 대한 중심성이 점점 늘어나게 되어 사람의 자아-의식 단계까지 이르게 된다. 그리고 새로운 중심 구조가 드러나게 되는데, 사회적인 단체, 그리고 만일 이것이 분명한 중심을 가지고 있다면, 즉 사회적인 유기체로 불리는 것이 바로 이것이다. 이 유기체가 발전하면서 더욱 존재의 힘이 강해지고, 동시에 중심을 구성하는 주변부로 더 많은 요소들이 함께 모이게 된다. 이렇게 해서 사람은 가장 풍부하고, 가장 보편적이며, 가장 힘이 있는 사회적 유기체를 만들게 되었다.

그러나 이 유기체를 구성하고 있는 개인들은 자신들만의 독립적인 중심을 가지고 있으며, 그래서 자신이 속한 사회의 유기체적 단일성을 거부할 수도 있다. 여기에서 우리는 생물학적인 유기체와 사회적인 유기체의 차이를 확연하게 볼 수 있다. 생물학적인 유기체에서 어떤 부분은 전체에 속하지 않으면 전혀 쓸모없게 된다. 하지만 사회적인 유기체는 그렇지 않다. 어떤 사람이 자신이 속한 단체에서 떨어져 나오면, 그의 삶이 어느 정도 비참해질 수 있지만 치명적이지는 않다. 그러나 생물학적인 유기체에서는 그것이 속해 있는 곳에서 떨어져 나온 가지는 반드시 죽는다. 이런 측면에서 어떠한 사회적인 단체도 생물학적인 측면을 지니고 있다고 말할 수 없다. 가족도 생물학적인 유기체처럼 여겨질 수 없으며 국가도 마찬가지이다.

이 사실은 정치적으로 보면 매우 중요하다. 사회적인 유기체에 대해 말하는 사람들은 대체로 보수적인 성향을 지닌다. 이들은 반대 의견을 가진 그룹들을 순응하게 만들기 위해서 생물학적인 은유들을 문자적 의미로 사용한다. 이런 점에서 러시아의 보수주의자들이나 로마가톨릭의 가족에 대한 찬양은 일맥상통한다. 그러나 개인은 결코 전체의 한 부분이 아니다. 사람은 궁극적이면서 독립적인 현실 가운데 개인적인 기능과 사회적인 기능을 동시에 감당하면서 존재한다. 개인은 사회적인 존재지만, 사회가 개인을 창조하지는 않았다. 그러므로 이 둘은 서로 의존적인 관계이다.

또한 이러한 사실은 널리 사용되는 방법 중 하나인 그룹을 의인화해서 설명하는 방식을 거부한다. 국가는 종종 감정, 생각, 의도, 결심 등을 가지고 있는 한 개인에 비유한다. 하지만 이것에는 불가능한 커다란 차이가 하나 있다. 그것은 사회적 유기체에는 유기적인 중심, 즉 전체를 하나로 연결하여 중심적인 의도를 가지고 결정하는 능력이 없다는 것이다. 사회적인 그룹의 중심은 이것을 대표하는 어떤 것, 즉 지배자나 의회처럼 눈에 보이는 대표자들 뒤에 숨어 있으면서 실질적인 힘을 소유하고 있는 사람들일 뿐이다. 그래서 사회적인 그룹의 인간 비유는 단지 사회적인 힘의 중심에 자리하고 있는 대표자들의 의도와 결정에 좌우되는 것이다. 즉 이것은 일종의 '은유의 속임수'일 뿐이다. 이 비유는 은유적으로는 가능할지 모르지만 적절한 것은 전혀 아니다.

어떤 그룹의 중심을 정하는 것은 전체 그룹이 하는 일의 한 부분일 뿐이다. 결정은 그룹이 하는 것이 아니라, 그룹을 위해서 말할 힘이 있고, 그리고 그룹의 모든 구성원들을 위해서 이 결정을 따르게 할 추진력이 있는 사람에 의해서 결정된다. 이들은 그룹 구성원들의 암묵적인 동의조차 구하지 않고 결정할 수 있다. 이러한 분석의 중요성은 우리가 한 그룹에게 그들이 결정한 중심을 전체 그룹에게 강요하도록 만든 것에 대해서 책임을 지울 때 명확하게 드러난다. 이것은 나치와 같은 국가적인 범죄에 대한 아픈 질문들에서 한 가지 답을 제공한다. 국가에 의해 저질러진 범죄에 대한 유죄 판결은 결코 그 국가에 선고되지 않는다. 이것은 언제나 지배자들을 겨냥한다. 그러나 모든 개인들이 이것에 대한 책임에서 자유로울 수는 없다. 왜냐하면 지배자들은 자신들이 선출하였기 때문이다. 독일에 있는 수많은 사람들이 나치의 잔학 행위에 대한 직접적인 유죄는 아니다. 그렇지만 모든 사람들이 이러한 일들을 계획하고 실행에 옮긴 정부를 받아들인 것에 대한 책임은 분명하다. 사회적인 그룹에서 지배적인 힘을 지닌 사람들은 대표자들일 뿐이지, 결코 이 그룹에서 실질적인 중심은 아니다. 한 그룹이 결코 한 개인과 똑같을 수는 없기 때문이다.

그럼에도 불구하고 이것은 힘의 구조를 지니고 있으며, 또한 집중화되어 있다. 즉 사회적인 힘은 계층적인 구조를 지닌 것으로 힘의 계층이 존재한다. 이와 같이 집중화되어 있어서 계층 구조를 가지고 있는 사회적인 힘은 매우 다양한 형태로 드러난다. 예를 들어 봉건 사회 구조, 군인 계급, 관료 사회, 경제적인 상위층, 신부들 간의 서열, 합법적으로 선출된 지도자와 그렇지 못한 지도자, 의회의 지도 그룹, 혁명의 전위부대 등 다양한 형태로 드러나고 있으며, 이들의 공통점은 모두 사회를 통제하고 있다는 것이다.

지배 그룹들은 힘의 긴장관계를 적절하게 이용한다. 특히 사람들에 의해 인정된 힘과 강제로 획득한 힘 사이에 있는 긴장 관계를 매우 잘 이용한다. 이 둘은 항상 공존하면서, 둘 중 하나가 약하게 되면 둘 모두 그 효력을 잃고 힘의 구조가 흔들리게 된다. 사람들은 힘을 암묵적으로 인정하면서 다음과 같은 태도를 가지고 있다: "우리를 대표하는 사람들은 신의 명령에 의해서나 역사적인 운명에 의해서 결정되는 것이다. 이것에 대해서는 그 어떤 질문도 통하지 않으며, 어떤 비판도 허용될 수 없다." 또는 다음과 같이 생각하기도 한다: "대표자들은 우리에 의해서 뽑힌 사람들이다: 그러므로 이들이 합법적인 힘을 지니고 있는 한, 혹시 이들이 힘을 잘못 사용한다고 하더라도, 우리는 이들을 받아들여야 한다. 그렇지 않으면 사회 시스템은 망가지고, 그에 따라서 우리의 삶도 무너져 버리게 된다." 사람들 마음 속에 이런 종류의 인정이 자신도 모르게 자리잡고 있다면 지배 그룹은 흔들리지 않는다.

비유적으로 말해서 이런 것을 암묵적인 동의라고 한다. 만일 이 상황을 사람들이 인식하여 의심의 눈초리가 점점 더 커지게 되면 그 시스템은 위험에 처하게 된다. 그리고 억압은 효력을 잃게 되면서 걷잡을 수 없는 혁명 상황이 시작되는 것이다. 이와 같은 상황 속에서도 힘이 집중화되고 계층적인 구조를 지니고 있다는 법칙은 결코 변하지 않는다: 혁명에 참가한 사람들은 자신들이 암묵적으로 동의해 주었던 것을 거두기로 결심한 작은 그룹에 속해 있다. 마르크스는 이들을 군사적인 방법으로 표현하기를 '전위부대'라고 불렀다. 이들은 혁명의 상황에서는 힘의 중심에 서 있고, 혁명을 준비하는 단계에서는 가장 심한 방법으로 사람들을 억압하며, 혁명을 마무리하고 나면 지배 그룹이 된다.

다른 쪽에서 힘의 계층적인 구조를 잘 보여주는 것은 강제에 의한 힘이다. 이것은 그룹의 대다수 사람들을 압도하면서 침묵하도록 이끌 때 효과가 아주 크다. 이것은 오랜 기간 동안 만들어진 관습법과 아주 유연한 행정부, 그리고 순응적인 태도에 의해서 만들어진다. 그러나 이것은 아주 이상적인 경우인 영국에서처럼 여러 호의적인 요소들이 있을 때만 가능한 것이다. 일반적으로는 강제적인 요소가 훨씬 더 강하다. 그래서 이런 상황에 대해서 이상적인 생각을 가지고 있는 사람들은 쉽게 속기 마련이다. 이들은 도시에 살면서 몇 가지 강제적인 행정 조치들을 경험하고 있다. 그리고 이런 조치들이 실재의 삶에서 강제로 집행되는 경우는 그다지 많지 않다. 그래서 사람들은 일상에서 강압적인 것들에 대해서는 그다지 크게 느끼지 못하며 살아가고 있다. 사실 강압에 의해서 삶에서 실제적인 위협으로 느껴지는 일이 발생했을 때에만, 강압적인 것에 문제가 있다고 생각한다. 그 좋은 예는 교육받은 시민들의 세금에 대한 태도에서 발견할 수 있다. 그러므로 암묵적인 동의나 강압적인 요소를 제거하고 힘의 구조에 대해서 생각하기란 불가능한 것이다.

사회 그룹에서 소수 지배자들은 다수 그룹의 암묵적인 역할을 하며, 동시에 그룹 내에서 제멋대로 하려고 하는 사람들에게 법을 강요하는 수행원이기도 하다. 이러한 후자의 역할이 사회 유기체를 망가뜨리고 혼란스럽게 하는 모든 문제의 원인이 된다. 그리고 이런 상황은 매우 단순하게 드러난다.

만일 지배 그룹이 강제로 수행하려는 법이 획일적으로 드러나게 될 때 이런 상황이 발생하게 된다. 역설적으로 실제에서 이런 상황은 정의가 지니는 다의성을 무너뜨린다. 예를 들어 고대 사람들은 지배자가 법 위에 존재한다고 생각했다는 사실이 이것을 잘 보여준다. 그들이 이렇게 생각한 이유는 법이라는 잣대로 결정하기 힘든 상황이 발생했을 때 이것에 대한 최종 판단은 지배자의 결정이 되기 때문이다. 현대의 헌법 체계에서는 이러한 초법적인 상태를 거부하고 있지만, 오늘의 헌법 체계 아래에서도 지배 그룹이 같은 원리를 사용하고 있다는 점은 부인할 수 없다.

그리고 '법 위에' 있는 자리는 고대 시대에만 있었던 것도, 혹은 현대에서만 발생하는 것도 아니다. 반대로 오히려 이것은 법의 적용을 가능하게 만드는 한 방법을 의미하는 것이다. 법은 창조적인 행동에 의해서 나와야 하는데, 이것은 지배 그룹의 구성원들에 의해서 나오기 때문이다. 이것은 또한 대담한 결정을 내려야 하는 확실한 상황에 적용되기 마련인데, 이런 결정을 내리는 것 또한 지배 그룹의 구성원들에 의한 것이다. 그리고 이것은 위험한 요소가 발견되면 개정해야 하는데, 이 역시 지배 그룹에 의해서 채택된다. 이런 분석을 통해서 우리는 힘을 가지고 있는 사람들은 항상 두 가지 일을 동시에 처리해야만 한다는 사실을 알게 된다.

그 첫째는 전체 그룹을 위한 힘과 정의에 대한 것이고, 다음은 지배 그룹으로서 그들 자신에 대한 정의의 요구와 힘의 관계에 대한 것이다. 이런 경우에는 기독교 공동체나 마르크스주의, 무정부 그룹들이 힘의 구조가 없는 사회에 대한 이상에서 발견된다. 그러나 힘의 구조가 없는 존재란 행동의 중심이 없는 존재를 말하는 것이다. 즉 이것은 연합된 존재의 힘이나 정의에 의한 연합이 없는 개인들의 덩어리일 뿐이다.

만일 국가와 같은 조직이 만들어졌다면, 균형을 맞추기 위한 그 어떤 검열의 형식도, 심지어 이것이 미국 헌법이라 하더라도, 전체 그룹이 지니고 있는 힘과 정의 가운데에서 지배 그룹 자신들이 지니고 있는 힘과 정의에 대한 우선권에 대한 요구를 금지할 수 없다. 지배 그룹에 속한 사람들은 이것에 대한 대가를 지불했으며 동시에 정당화할 수 있는 충분한 근거를 가지고 있다. 그들은 자신들의 운명과 전체 그룹의 운명을 동일시하기 위해 많은 대가를 지불하였다. 이 그룹이 지니고 있는 존재 자체의 힘은 그들 자신의 힘을 확고하게 해준다. 그리고 이들은 자신들이 전체 그룹으로부터 승인 받은 것으로 자신의 힘을 정당화한다. 이를 위해서 그들은 가장 합법적인 논리를 구사한다. 그리고 만일 전체 그룹이 이들에 대한 승인을 철회한다면 그들 또한 사라지게 된다. 이들은 물리적이고 심리적인 강제력에 의해서만 자신들의 힘을 계속 유지할 수 있다. 그리고 이런 권력은 영원한 것이 아니다.

지배 그룹이 전체 그룹으로부터 받은 암묵적인 승인은 정의나 힘에 대한 이해에서 출발하는 것이 아니라 사랑, 특히 에로스와 필리아의 사랑에 대한 이해에서 출발해야 한다. 이것은 그룹 내에 있는 공동체에서 경험하게 된다. 모든 사회 그룹은 잠정적으로나 실질적인 차원에서 특정한 형태의 공동체를 형성한다. 그리고 지배자는 그룹 내에 실재하는 정의와 힘의 관계에 대해서 설명해야 할 뿐 아니라, 또한 그룹 공동체의 정신과 이상, 그리고 가치에 대해서 설명해야 한다. 자연적인 유기체나 사회적인 유기체 그리고 모든 유기체들은 존재의 힘에 바탕을 두면서, 정의에 대한 가장 근본적인 요구를 지니고 있다.

왜냐하면 모든 유기체는 재결합하려는 사랑에 그 기반을 두고 있기 때문이다. 다른 생물학적인 유기체와 마찬가지로 공동체는 세계 속에서 분리되려는 성질을 제거하려고 한다. 체내의 세포나, 가족의 구성원들, 국가의 시민들이 이와 같은 예들이다. 이러한 그룹 정신은 그 법률 체계나 사회 기구들 안에서, 그 상징이나 신화들 속에서, 그리고 그 윤리적이거나 혹은 문화적인 형식 가운데에서 거의 완전한 것으로 묘사된다. 그리고 이것은 대체로 지배 계급에 의해서 대표된다. 또한 이 사실은 아마도 그들의 권력에 가장 확고한 기반이 되고 있다. 그룹의 모든 사람들은 소수의 지배자들을 통해서 한 개인이 속한 그룹에서 그 사람이 확인하고 싶어 하는 이상들이 구체적으로 실현되는 것을 보게 된다. 이런 실현이 왕일 수 있고, 주교일 수도 있으며, 큰 농장의 주인일 수 있고, 성공한 사업가일 수도 있으며, 또 노조 위원장이거나 혁명의 영웅일 수도 있다.

그러므로 모든 지배자들은 그룹이 신봉하는 정신들을 담고 있는 상징들을 선전하면서 드러내고 또 보존하기도 한다. 이들은 사람들에게 가장 엄격한 강제력을 동원해서 통제하기보다는 이러한 힘의 구조를 지켜낼 것을 보장한다. 또한 이들은 전체 그룹이 자신들을 암묵적으로 승인했다는 점을 확실하게 보장한다. 이런 방식으로 사회 그룹에서 존재의 힘과 정의는 공동체 정신에 의존하고 있다. 그리고 이것은 공동체를 만들면서 유지시키기도 하는 것이 바로 결합하게 만드는 사랑에 기인하고 있음을 보여주고 있다.

■■■ 사회 그룹들의 만남 속에서 사랑과 정의와 힘

존재의 힘과 힘의 만남에 대해 설명하면서 우리는 그 논의의 범위를 개인과 개인의 만남으로 축소해서 다루었다.―존재의 힘과 힘의 만남에 대해 설명하면서 우리는 이 논의의 범위를 개인과 개인의 만남으로 축소하였다―. 이제 우리는 논의 범위를 사회 그룹들간의 만남으로 확장시켜야 한다. 여기에서도 힘과 힘이 만나면서 발생하는 일들이 똑같이 일어난다. 밀었다가 당기고, 삼켰다가 뱉어버리고, 그리고 붙였다가 떼어내기도 한다.

이것은 피할 수 없는 과정이다. 왜냐하면 힘을 가지고 있는 모든 그룹은 성장과 붕괴의 경험을 동시에 하기 때문이다. 이것은 자신을 초월하려고 노력하면서 동시에 자신을 보호하려고 한다. 아무것도 선험적(a priori)으로 미리 결정된 것은 없다. 이것은 위험을 감수하고, 계속 시도하면서, 새로운 결정을 반복해서 시행하는 가운데 얻어낸 결과물이다. 그리고 이러한 시도는 어떤 그룹이나 또 이들 그룹의 대표들이 원했든 아니든 상관없이, 본질적으로 그 힘이 지니고 있는 요소는 강압적인 것과 연결되어 있다. 이러한 만남들이 역사의 기초적인 구성 원료이다. 이런 만남들 가운데, 사람의 정치적인 운명이 결정된다. 이들의 성격은 무엇인가?

한 사회 그룹의 모든 힘의 기초는 그것 자체가 존재하도록 해야 하는 공간이다. 존재란 공간을 가지고 있음을 의미한다. 좀 더 정확하게 말하면 존재 자체를 위한 공간을 제공하는 것을 의미한다. 그래서 지리적인 공간이 대단히 중요한 것이며, 힘을 가진 그룹은 공간을 소유하기 위해서 싸우게 마련이다. 현대에 들어서 우리는 이것에 대한 아주 분명한 예를 하나 알고 있다. 시온주의자들이 싸운 이유는 자신들을 위한 공간을 갖기 위해서였다. 이스라엘은 자신들의 공간을 잃어버렸을 때 존재의 독립적인 힘을 상실해 버렸으며, 동시에 다른 힘들마저 소진하였다. 그러나 지금은 이들이 공간을 확보하고 있으면서 훨씬 더 강한 존재의 힘을 보여주고 있다. 하지만 무엇인가 중요한 것을 빠뜨리고 있다: 그것은 선택 받은 나라 이스라엘이 세워졌을 시간과, 현재 그 힘을 단념해야 하는 문제에 직결되어 있는 시간에 대한 근본적인 관계에 대한 것이다.

공간에 대한 투쟁은 단순히 한 그룹이 본래 그 지역에 살고 있는 사람들을 몰아내고 공간을 빼앗는 것을 말하는 것이 아니다. 목적은 이 공간을 조금 더 큰 힘의 문제로 부각시켜 그 중심에 있는 힘을 빼앗아 오기 위한 것이었다. 만일 이런 일이 생기면 그것은 단순히 개인적인 힘이 바뀌어졌음을 말하는 것이 아니라, 개인이 그 중심에 참여하므로 새롭게 등장한 조직의 법률과 정신적인 실체에 영향을 미치게 되는 것을 의미한다.

그러나 이것은 사회 유기체에게 단순히 존재의 힘을 부여하는 지리적인 공간을 의미하는 것일 뿐 아니라, 동시에 인류 전체가 속한 조금 더 큰 공간을 향한 힘의 발산이기도 하다. 다른 사람의 공간을 침해하지 않고 자기 자신의 공간을 확장하는 것들 중 하나가 바로 경제적인 팽창이다. 그리고 기술 과학의 발전이나 문명의 확산을 들 수 있다. 하지만 이러한 경우들에 대해서는 미리 산술적으로 계산할 수 없다.

인구, 생산력, 새로운 발견, 사회 운동, 이주, 경쟁, 새로운 국가의 발흥, 오랜 전통들의 소멸 등 그 요소들은 실로 다양하며 수시로 변한다. 소위 말해서, 역사는 다음에 무엇이 올 것인가에 대해서 가늠해보는 것이다. 이런 과정 속에서 제국이나 나라들이 없어지며, 또 새로 형성되기도 한다. 여러 정치 권력 그룹들에서 존재의 힘은 다른 그룹들과 존재의 힘이 만나는 과정 속에서 측정되는 것이다.

그러나 여기에서 우리는 힘이란 단지 물리적인 힘만을 의미하는 것이 아님을 명심해야 한다. 사회 그룹들이 일상 가운데에서 늘 표현하면서 살아가고 있는 생각들이나 상징들도 힘을 가지고 있다. 역사의 가장 중요한 사건들을 살펴보면, 이와 같은 정신적인 실체의 자각은 특별한 사명에 대한 생각을 형성할 수 있게 했으며, 또 실제로 그렇게 되었다. 유럽의 역사를 보더라도 우리는 이와 같은 사명의식에 대한 일련의 선언들을 찾을 수 있으며, 그것에 따르는 엄청난 역사적 결과들을 발견할 수 있다.

힘과 사명 의식의 완벽한 일치 속에서, 로마 제국은 자신들의 법과 질서를 바탕으로 지중해 지역을 지배했다. 같은 방법으로 알렉산더는 한 손에 무기와 또 한 손에 언어를 가지고 지역 국가들에게 그리스 문화를 전파하였다. 이 두 제국이 이러한 힘으로 초기 기독교 공동체가 널리 퍼뜨렸던 오이쿠메네(*oikumene*, 그리스어로 '집,' '가정,' '우주' 등을 뜻하는데, 성서에는 이 단어를 하나님의 세계를 말하는 '새로운 공동체'를 뜻한다)를 만들었다는 사실을 고려해보면, 우리는 이러한 사명 의식이 잘못된 것이라고 말할 수 없다. 같은 경우를 우리는 중세 독일제국에서도 볼 수 있다. 이들은 게르만족의 힘과 독일 왕에 대한 사명 의식을 바탕으로 중세 종교와 문화의 영광을 위한 하나 된 기독교 공동체의 토대를 마련하였다.

중세가 끝나가면서 유럽의 국가들은 다른 성격의 힘과 사명 의식을 바탕으로 자신들의 국가를 형성해 갔다. 스페인의 제국주의 팽창 정책은 자신들이 종교개혁을 거스르는 신적인 도구로 사용되고 있다는 광신적인 믿음과 연결되어 있다. 영국의 사명 의식은 한편으로는 순수한 기독교 신앙을 보존하기 위한 정치 체계로서 칼빈주의적인 생각에 뿌리를 두고 있다. 다른 한편으로는 모든 문명국가들의 적절한 힘의 균형을 위해서 그리고 식민지 국가들을 위해서 지녀야만 하는 기독교 인문주의적인 책임감에도 역시 그 뿌리를 두고 있다. 이것은 정치 경제적인 힘과 불가분의 관계를 지니고 있었으며, 역사상 가장 큰 제국을 형성하면서 거의 80년 동안 유럽 사회는 평화를 유지할 수 있었다.

프랑스의 사명 의식은 17, 18세기 동안 자신들이 이룩한 문화적인 우월감에 그 기반을 두고 있다. 근대 독일은 어떤 사명 의식을 배제한 본질적인 정치라고 할 수 있는 영향력 아래에 있었다. 그 이데올로기는 삶의 공간을 위한 투쟁이었다. 이것은 일정 부분 다른 식민 국가들과의 경쟁과 갈등으로 인해 발생한 것이다. 히틀러의 사명에 대한 아주 어처구니없는 생각, 즉 게르만 혈통이라는 아이디어는 피상적으로 부과되어 마지 못해서 받아들여졌다. 왜냐하면 거기에는 사명에 대한 그 어떤 진정성도 들어 있지 않았기 때문이다. 역사적으로 힘과 사명 의식과 관련해서 서로 경쟁하고 있는 가장 큰 두 제국들을 말한다면, 미국과 러시아를 들 수 있다. 러시아의 사명 의식은 그들이 신봉하고 있는 종교적인 신념, 즉 동방정교회의 신비주의적인 기독교 정신으로 서구 문명을 구하겠다는 종교적인 사명에 기초를 두고 있다. 19세기 러시아의 친슬라브 운동의 요구가 바로 이것이었다.

오늘날 러시아는 서구 국가와 극동아시아에 대해서 이와 매우 비슷한 사명 의식을 가지고 있다. 역사의 현장에서 발견된 제국주의적인 운동을 이해하지 않고는, 러시아가 자신의 공식적인 정치 선전에서 밝히고 있는 세계 지배에 대한 욕망과 그 힘의 방향에 대해 이해하는 것이 불가능하다. 미국의 경우, 새로운 세계로 이주해오면서 자신들이 만들어 놓은 생각인 '아메리칸 드림'이라는 말에서 우리는 그 사명 의식을 잘 읽을 수 있다. 오래된 형태의 억압은 사라졌지만, 새로운 것이 만들어지기 시작했다.

헌법과 민주주의—이것은 미국이 유사-종교처럼 받드는 것들이다—라는 테두리 속에서 미국인의 사명이라고 느낄 수 있는 그 무엇이 실제로 형성되었다. 처음에 이것은 단지 미국만을 위한 것이었다. 그러나 지금은 표면적으로는 세계의 절반을 위한 것이라는 의미를 가지고 있지만, 그 내용을 보면 세계 전체를 움직이려는 것을 의미한다. 현재 이러한 사명 의식을 바탕으로 실질적인 힘을 사용하는 것은 여전히 제한되어 있는 듯하다. 그러나 역사적인 상황을 따져보면 상황은 점점 복잡해지고 있다. 이미 많은 사람들은 미국이 제국주의적인 모습을 한 절반쯤 드러내고 있다고 말하고 있다.

사명 의식은 법으로 표출되기도 한다. 사실 정의와 사랑은 법률의 모양으로 구체화된다. 제국의 정의는 단순한 이데올로기이거나 합리화 수단이 아니다. 제국은 국민들을 복종하게 만들 뿐 아니라, 연합시킬 수도 있어야 한다. 그러나 이것은 사랑 없이는 가능하지 않다. 그러므로 지배를 받는 국민들은 자신들의 존재와 의미를 능가하는 더 큰 힘에 의해 자신들이 참여자가 된 것이라고 암묵적으로 승인하고 있다. 만일 어떤 제국이 연합시키는 힘과 그 이상이 무너지게 된다면 이 승인도 무너지는 것이며, 따라서 제국도 무너지고 만다. 그 존재의 힘은 분산될 것이며 외부에서 공격을 당하면, 이미 결정된 것이라 하더라도 금방 허물어질 것이다.

현재 민족 자치에 대한 개념은 점점 줄어들고, 전체를 포괄하려는 그룹이 형성되고 있는데, 이런 그룹은 크게 두 개의 정치적인 그룹으로 나뉘어졌다. 역설적이게도 오늘날에는 이와 같이 인류를 연합하여 포괄하려는 힘이 더 큰 문제를 만들어내고 있다. 이러한 문제에 대해서 사랑과 힘과 정의에 대한 분석이 어떤 대답을 내어 놓을 수 있겠는가?

이 문제에 대한 대답은 크게 세 가지로 생각할 수 있다. 그 첫 번째 대답은 최근 조직의 힘이 더 거대화 되어가는 경향을 이해하지 않고서는 알 수 없는 것으로, 상대적으로 독립적이면서 더 큰 힘의 중심축이 민족 단위가 아닌 대륙 단위로 이동하게 될 것을 예상해 볼 수 있다. 두 번째 대답은 하나의 세계 속에 많은 주(state)가 있는 형태로, 마치 공화국 체제처럼 힘은 하나로 집중되면서 참여하는 모든 그룹들이 중앙의 힘에 복종하는 형태이다. 세 번째 경우는 가장 큰 힘을 가진 그룹이 전 세계를 하나로 묶어서, 전체 민족들을 자유주의적이고 민주적인 형식으로 지배하는 것이다! 첫 번째 대답은 전망에 관한 문제이다. 이것은 사회조직들의 운동들, 즉 힘이 중앙에 집중하는 경향은 항상 그 힘을 분산시켜서 균형 잡히게 되는 과정에서 일어나는 여러 사회운동들에 속해 있다. 하지만 여기에는 한 가지 맹점이 있다: 과연 어떤 경향이 지금의 상황을 결정할 수 있는가? 기술적인 관점에서의 세계 연합체제는 중앙 집중을 선호한다. 하지만 다른 요소들, 특히 심리적인 것들이 훨씬 더 큰 힘을 발휘하게 될 가능성이 크다. 두 번째 대답은 주 형태의 연합체에 대한 예상인데 우리가 그동안 다루어 왔던 힘의 속성과는 잘 맞지 않는 생각이다. 사명 의식으로 연결시켜서 형성한 힘의 중심은, 만일 이것이 사명 의식과 권위를 모두 가지고 있지 않다면, 결코 인위적인 권위에 복종시킬 수 없다. 정치적인 측면에서의 세계 일치에 대한 가정은 마치 상징과 신화에 등장하는 정신적인 일치가 실재하고 있다고 생각하는 것과 같다.

지금까지 이런 체제는 단 한 번도 없었다. 그리고 이러한 체제가 만들어지기도 전에 그것은 암묵적인 승인이 형성되면서 그 힘을 잃게 될 것이다. 가장 가능성 있는 대답은 세 번째가 될 것 같다. 이것은 아마도 역사 시대 이후에 하나의 보편적인 힘의 구조가 형성되면서, 억압은 최소화되고 법과 정의와 연합의 사랑이 힘을 형성해 가면서 인류를 하나의 보편적인 힘 아래에 두게 될 것이다. 하지만 하나님의 나라는 아직 우리에게 이루어지지 않았다. 아마도 혁명적인 붕괴를 생각해 볼 수도 있겠다. 어쩌면 새로운 힘의 중심이 형성될지도 모른다. 처음에는 잘 드러나지 않다가 점점 그 모습이 드러나게 되고, 결국에는 모든 세계를 완전히 뒤바꿀 변혁으로 끌고 가게 될 그런 힘 말이다. 그리고 이것은 그것 자체를 위한 사명 의식을 형성할 것이다.

끝으로 힘의 투쟁은 다시 시작되었으며, 완성된 세계 제국의 시대를 상상해 본다면, 이것은 마치 고대 로마의 아우구스투스가 이룩했던 평화(*Pax Romana*) 시대 정도가 될 것이다.

사랑은 결코 인류를 연합시킬 수 없는가? 정말 인류는 전체를 아우르는 힘의 구조를 형성하여 보편적인 정의를 실현할 수 없는 것인가? 이 질문에 대답하기 위해서 우리는 역사에 대해 살피면서 사랑과 힘과 정의가 궁극적인 것과 어떤 관련이 있는지를 살펴보아야 한다.

PART 07
궁극적인 것과의 관계에서 사랑과 힘과 정의의 일치

사랑과 힘과 정의의 원천이신 하나님

거룩한 공동체 안에서 사랑과 힘과 정의

- 우리는 이 책의 처음 네 장에서 사랑과 정의와 힘, 그 어느 것도 존재론적인 기초 없이는 적절하게 설명될 수 없다는 점에 대해 살펴보았다. 그리고 그 다음 두 장에서는 이 책의 주제를 간접적으로 살피면서 개인적인 관계에서 정의의 문제와 그룹 관계에서 힘의 문제에 대해 존재론적인 분석의 결과들을 도출하려고 하였다. 이러한 점에서 사랑과 정의와 힘에 대해 존재론적인 성격을 파악하다 보면, 우리는 곧 그 신학적인 질문에 직면하게 된다. 존재론과 신학은 모두 존재의 본질에 대해 생각하면서 존재를 다루는 것이기 때문에, 사실 이 둘은 서로 동일한 성격을 가지고 있다. 그 첫 번째는 신에 관한 것으로 신은 곧 존재-자체(being-itself) 라는 명제이다.

　다음 몇 가지 관점에서 우리는 이미 신학적인 질문에 들어와 있다. 삶에 대해 설명하면서 이별과 결합과 사랑에 대해서 살펴본 것이 바로 그런 것이다. 아들 안에서 하나님은 자신을 자신으로부터 분리시켰다. 하지만 성령 안에서 하나님은 다시 자신을 자신에게 결합시켰다. 물론 이것은 언어라는 상징적인 체계로 표현한 것으로, 기독교인의 마음 속에 하나님은 죽은 존재가 아니라 모든 살아 있는 것들의 생명의 근원이 된다는 진리를 일깨워 준다. 이러한 진리는 우리를 신약성서에 구체적으로 드러난 아가페 사랑으로 이끌어 간다. 우리는 신의 정의에 대해 살피면서, 모든 것에 본질적으로 들어 있어야 하는 정의의 자연적인 측면과 함께 용서와 재결합으로서 정의의 측면을 동시에 생각해 보았다. 우리는 또한 인간이 본질적으로 재결합의 사랑에 저항하고 살아가면서, 자신과 다른 사람들과 더 나아가서 존재의 근원으로부터 자신을 소외시키고 있다는 점을 생각해 보았다. 그리고 우리는 하나님은 힘을 초월한 존재라는 기본적인 교리에 반대하고 있다. 왜냐하면 존재는 힘과 연관해서 그 존재를 설명할 수밖에 없기 때문이다.

이러한 점에서 생각해 볼 때, 사랑, 힘, 정의와 같은 개념들은 궁극적인 관심의 영역, 즉 거룩한 것에 대한 영역을 다루지 않고 설명하는 것은 불가능하다.

그러나 이러한 영역에 대해 다루어야 하는 필요성에 대해서는 조금 더 깊은 이유가 있다. 우리는 창조세계 내에서 사랑과 정의와 힘은 본질적으로 일치되어야 한다는 사실을 보여주는 것이 주요 과제였다. 그러나 현실 속에서 이것들은 서로 분열되어 있고 갈등하고 있다는 점을 고려하지 않고서는 이 과제를 풀 길이 없었다. 여기에서 우리는 다음 질문을 제기하게 된다: 어떻게 이 본질적인 일치를 다시 만들어 낼 수 있단 말인가? 그 대답은 매우 명확하다: 그것은 그것들이 처음 만들어졌을 때의 일치를 이루어냈던 근본을 회복할 때에만 가능하다. 사랑과 힘과 정의는 신적인 근본 안에서 하나이다. 그리고 이것은 인간 존재 내에서 일치되어야 한다. 이것들이 하나로 연합해서 이룬 거룩함은 우리의 시간과 공간 안에서 실제로 나타나는 거룩함이 될 것이다. 어떻게 그리고 어떤 감각 안에서 이것이 가능할 것인가?

사랑과 힘과 정의의 원천이신 하나님

만일 우리가 하나님을 존재-자체라고 말한다면, 하나님과 '사랑, 힘, 정의'의 관계에 대한 가장 기본적인 논점은 형성된 것이라고 할 수 있다. 왜냐하면 우리가 존재론적인 분석을 통해서 살펴본 것에 따르면, 존재 자체는 바로 '사랑과 힘과 정의'를 의미하기 때문이다. 하나님은 우리가 궁극적으로 관심을 가지고 있는 가장 기초적이면서도 보편적인 상징이다. 존재-자체로서 하나님은 궁극적인 실체로 정말로 확실한 것이며, 모든 존재하는 것의 바탕인 동시에 깊은 심연과 같은 것이다. 일상에서 만나는 사람들과 대화하면서, 하나님은 우리가 우리 삶에 궁극적인 관심이라고 말할 수 있는 모든 상징적인 언어들 중에 가장 핵심적인 주제이다. 우리가 존재-자체에 대해서, 토대에 대해서 그리고 심연에 대해서 말하는 모든 것은 상징적일 수밖에 없다.

왜냐하면 이것은 제한된 현실 속에 살면서 보이는 물질들을 가지고 현실을 완전히 초월한 것을 표현해야 하기 때문이다. 그러므로 이것은 문자적인 의미 내에서는 결코 표현될 수 없다. 단어들의 문자적인 의미로 표현된 신에 대한 그 어떤 것도 결코 신의 본질에 대해서 말하고 있는 것은 아니다. 그러므로 하나님에 대한 상징적인 표현이 문자적인 의미의 표현보다 덜 진실되다고 할 수는 없다. 단지 이것은 신에 대해서 말하고 있다는 점에서 진실의 일면을 보여주고 있는 것이다.

여기에서 우리는 세 가지 관점을 토론할 수 있게 된다. 만일 우리가 하나님을 사랑이라고 말한다면, 아니 조금 더 감정이입을 하여 하나님을 사랑 자체라고 말한다면, 우리는 우리 자신의 사랑에 대한 경험과 삶에 대한 분석의 틀, 즉 우리 자신만이 사용할 수 있는 것을 이용하여 설명하게 된다.

그러나 만일 우리가 이와 같은 틀을 하나님께 적용시킨다면, 우리는 이것을 신적인 깊이를 지니고 있는 신비의 영역, 즉 그 존재를 잃어버리지 않고 변형시킬 수 있는 신성한 곳으로 밀어 넣어서 설명을 한다. 이것은 여전히 사랑이다. 하지만 이 사랑은 신성한 것이다. 이것은 조금 더 위대한 존재들만이 우리가 사랑이라고 부르는 것에 대해 완전한 의미를 파악하고 있음을 의미하는 것이 아니다. 오히려 사랑이란 우리 삶의 일상 속의 거룩함에 뿌리를 두고 있음을 말하는 것이다. 즉 이것은 존재와 의미 가운데 우리의 삶을 무한히 초월해 있는 것을 말하는 것이다.

신성한 힘에 대해서도 우리는 같은 관점으로 이야기해야 한다. 이것은 바로 하나님에 대한 상징적인 표현을 살피는 것이다. 우리는 육체적인 활동을 할 때, 그리고 우리 의지를 실행하면서 상충되는 것을 극복하는 능력을 키울 때 이런 힘을 경험한다. 우리는 이와 같은 경험을 신적인 힘에 대해 말하면서 사용한다. 그리고 우리는 그의 전능하심에 대해 말하면서 그를 전능자라고 표현한다. 문자적인 의미로 생각하면 이것은 하나님은 가장 높으신 존재로, 하고 싶은 모든 것을 할 수 있는 분이라는 것을 의미한다.

다른 측면에서 생각해 보면, 이 생각은 마치 안개 속에서 엉뚱한 생각을 하는 것과 비슷한데, 하나님은 하지 않으려고 생각하는 일도

많다고 유추할 수 있다. 전능함의 진정한 의미는 하나님은 모든 존재하는 것의 힘으로, 현실의 그 어떤 힘도 초월하시지만, 동시에 창조의 세계 안에서 일하고 계신다는 것이다. 종교적인 경험에서 하나님의 힘이란 그 어떤 다른 힘으로도 정복되지 않는 힘을 손에 쥐고 있는 느낌이라고 말할 수 있다. 존재론적인 용어로 표현한다면 이것은 비존재의 힘에 대항하는 끊임없는 저항이며, 결국 그것에 대한 승리이다. 이러한 저항과 승리에 참여하는 순간 우리는 모든 존재를 죽음의 운명으로 끌고가는 비존재의 위협을 극복하는 길에 들어서게 되었다고 느끼게 된다. 전능하신 하나님께 기도함으로써 우리는 하나님의 신적인 힘이 나를 비추고 있음을 깨닫게 된다. 이것은 우리 앞에 궁극적인 현실로 펼쳐지게 된다.

또한 하나님의 정의에 대해 생각할 때에도 우리는 상징적인 의미를 생각할 수밖에 없다. 하나님은 자신이 제정하신 법에 따라 사람을 판단하는 의로우신 재판관으로 상징된다. 이런 상징은 우리 경험을 통해서 나오는 것이다. 그리고 이것은 틀림없이 우리의 전통으로 계속 내려오고 있지만 동시에 시대와 장소에 따라서 그 형태를 달리하고 있는 신적인 삶의 신비로 이끌어간다.

더 나아가서 이것은 존재의 근원이신 하나님께서 자신의 활동에 기반을 두고 있는 세상, 특히 인간과의 관계에 대해서 설명할 수 있는 가장 확실한 상징이다. 신적인 법은 인간 세상에서 이것을 대체하고 있는 자연법과 실정법을 완전히 초월한 것이다. 이것은 인간 정신의 구조까지 포함한 모든 것을 담고 있는 현실(reality)의 구조물이다. 이런 점에서 본다면 이것은 분명 자연법이다. 왜냐하면 이것은 계속해서 만들어지고 있으며 모든 존재를 위한 정의를 표방하기 때문이다.

　동시에 이것은 실정법이다. 왜냐하면 이것은 그 어떤 외부 간섭도 받지 않고 하나님의 자유에 의해 만들어진 법이기 때문이다. 자연법이라고 한다면 우리는 이것을 자연과 사람 속에서 이해할 수 있으며, 또한 연역적인 방법으로 유추할 수 있다. 그리고 실정법이라고 한다면 우리에게 경험적으로 주어진 것에 대해서 받아들여야 하며 또한 이것을 귀납적인 방법으로 따져보아야 한다. 그렇지만 두 가지 모두 세상 속에서 정의와 관계를 맺고 있는 하나님에 뿌리를 두고 있다.

　신성한 삶의 진정한 상징들로서 '사랑과 힘과 정의'에 대해서 살피는 것은 이것들의 궁극적인 일치를 보는 것을 의미한다. 중요한 것은 '일치'란 동일성을 말하는 것이 아니라는 점이다. 우리가 일치에 대해 생각할 때 그것은 항상 분리를 내포하고 있다는 사실을 잊지 말아야 한다. 또한 이 세 개념을 하나님에 대해서 상징적으로 적용하는 것에는 일련의 긴장과 갈등의 요소들도 포함되어 있다.

　그 첫 번째 긴장은 사랑과 힘 사이에서 드러난다. '전능하신 사랑의 하나님께서 어떻게 수많은 비참함을 허락하시는가?'라는 질문이 그동안 끊임없이 제기되어 왔으며, 앞으로도 계속 제기될 것이다. 하나님은 충분한 사랑이 없거나, 아니면 충분한 힘이 없는 것은 아니신가? 이 질문에 대한 이런 감정의 토로는 충분히 이해할만하다. 그리고 이 문제에 대한 이론적인 체계를 찾는 것도 쉬운 일이 아니다.

　만일 하나님이 물리적이거나 도덕적인 악이 불가능한 상태로 이 세상을 창조하셨다면 창조물은 하나님으로부터 독립적으로 살 수 없을 것이며, 재결합의 사랑도 경험하지 못했을 것이다. 세계는 어린 아이들과 같이 순박한 사람들의 낙원이 되었겠지만, 그곳에는 사랑과 힘과 그리고 정의도 실재하지 않았을 것이다. 한 사람의 가능성들이 현실화되기 위해 소외의 과정은 피할 수 없는 것이다. 우리는 존재를 위해서 필요한 것으로부터 소외되는 경험을 통해 성숙의 과정에 들어서게 된다는 점을 발견하게 된다. 만일 하나님이 어리석은 어머니처럼 자녀들의 안전을 걱정하여 외부로부터 격리시키고 자신의 품 안에서만 키운다면, 이것은 마치 낙원이라는 환상의 감옥 속에 창조물들을 가두는 것과 같다.

그리고 이것은 어리석은 어머니의 경우처럼 사랑이 아니라 단지 숨겨진 적대감을 보여주는 것일 뿐이다. 또한 이것은 그 어떤 힘도 아니다. 하나님의 힘은 소외 상태를 극복하는 것이지 그것을 막는 것은 아니다. 그리고 상징적으로 말해서 하나님은 스스로 그것을 넘어서려고 하셨지, 절대로 그것과 자신을 동일화시키면서 죽은 상태에 머물러 계시지 않으셨다.

이것이 바로 하나님께서 십자가 상의 고통을 참으심으로 직접 그리스도가 되셨다는 상징은, 인간의 역사 가운데 가장 오래된 상징으로, 하나님께서 피조물의 고통에 함께 참여하셨다는 것을 의미하는 것이다. 이것이 바로 우리 삶의 깊은 현실 속에서 사랑과 힘의 일치를 보여주는 것이다. 즉 힘은 창조적인 요소일 뿐만 아니라 의무적인 요소를 지니고 있으며, 파괴와 고통도 연결되어 있음을 보여주는 것이다. 이것이 바로 신의 고통의 문제(theodicy)에 대한 신학적인 열쇠로, 신적인 사랑과 힘이 비존재의 힘, 즉 죽음과 범죄와 무의미의 영역과 관련이 있는가 하는 것이다. 사랑과 힘의 존재론적인 일치가 바로 이 열쇠이다. 그러나 우리가 기억해야 하는 사실은 이 열쇠는 존재의 신비로 들어가는 문을 바로 열어주는 것이 아니라, 잘못된 문으로 들어가게 하는 녹슨 열쇠들을 분별할 수 있게 해주는 것이라는 점이다.

사랑과 힘 사이의 긴장이 기본적으로 창조와 관련되어 있다면, 사랑과 정의의 긴장은 근본적으로 구원의 문제와 관련되어 있다. 변혁하는 정의가 창조적인 사랑의 한 표현이라는 분석을 통해서 우리는 분배 정의와 초월적인 사랑 간의 일상적인 대립이 생긴다는 사실을 거부할 필요가 없게 되었다. 이런 점에서 신의 사랑과 정의에는 어떠한 충돌도 없다.

하지만 다른 관점에서 생각해보면, 우리가 사랑과 힘의 갈등에 대해서 살펴본 것과 매우 비슷한 현상이 보이기도 한다. 이상하게도 사랑은 사랑을 반대하는 것을 파괴한다. 이것이 바로 정의에 따르는 것으로, 이것은 존재의 힘이 굴복하여 대혼란에 빠지는 것을 벗어나기 위한 것이다. 사랑은 용서함으로 사랑을 거부한 것들을 구원하는데, 이것이 사랑의 고유한 역할이다. 그리고 이것은 그 법적인 체계를 넘어서는 것으로 역설적인 정의를 따르는 행동이다.

어떻게 이러한 두 종류의 사랑이 하나가 될 수 있는가? 이 둘이 하나가 될 수 있는 이유는 바로 사랑이란 구원을 강요하지 않기 때문이다. 만일 그렇게 한다면 이것은 중첩된 부정의를 저지르는 것이다. 왜냐하면 이것은 사람을 물건으로 취급하지 말고 존재의 중심으로, 모든 결정의 핵심이며 완전히 자유로우면서 책임감 있는 자아로 바라보라는 요구를 무시하는 것이 되기 때문이다.

하나님은 사랑의 힘을 가지고 계신 사랑 자체이기 때문에, 사람들에게 자신의 구원을 일방적으로 강요하는 힘은 가지고 있지 않다. 이것은 그 자신을 부정하는 것으로, 하나님은 결코 이런 일을 하실 수 없다. 동시에 이것은 하나님의 역설적인 사랑, 즉 사랑을 파괴하는 모든 것을 물리치시는 사랑의 행동을 무시하는 것이기도 하다. 이것은 사랑의 무조건성과 그것 안에 있는 신의 위대함을 거부하는 것이다. 사랑은 사랑을 반대하는 것을 물리쳐야 한다. 그러나 이것은 그런 행동을 하게 된 사람들까지 없애버리는 것을 의미하는 것은 아니다. 피조물이기에 이 사람도 역시 존재의 힘과 사랑의 창조 세계 안에 들어와 있기 때문이다.

그러나 이 사람의 그 어떤 의지도 파괴될 수밖에 없으며, 그는 결국 자신과 갈등하면서 절망의 구렁텅이로, 신화적으로 말하면 지옥과 같은 곳으로 던져지게 될 것이다. 이런 점에서 지옥조차 신성한 사랑에 의한 창조물이라는 단테의 말은 옳은 것이다. 절망의 지옥은 매우 역설적인 것으로 사랑이 그 본연의 일을 하는 과정 속에서, 우리 속에 있는 사랑을 통해서 불의한 사람에게도 성화되어 가도록 만드는 사랑 본연의 임무를 하는 것으로 볼 수 있게 해준다. 하지만 절망이 우리를 아무 의식이 없는 기계의 한 부품처럼 만드는 것은 결코 아니다. 이것은 하나님과 우리와의 관계 속에서 우리의 자유와 존엄성을 시험하는 도구이다. 그리스도의 십자가는 신성한 사랑의 상징으로, 그리스도는 자신을 사랑에 반대하는 사람들에게 내어줌으로 이와 같은 파괴에 동참하였다. 이것이 바로 속죄의 진정한 의미이다.

하나님 안에서 '사랑과 힘과 정의'는 일치를 이룬다. 하지만 여기에서 우리는 또 다른 질문을 해야 한다. 사랑과 정의와 힘이 이 소외된 세상 속에서 해야 할 일은 무엇인가?

거룩한 공동체 안에서 사랑과 힘과 정의

'사랑과 힘과 정의'는 하나님 안에서 연합하고 있으며, 또한 그들은 하나님의 새로운 세계 창조 안에서 연합하고 있다. 사람은 그의 존재의 근원으로부터, 그 자신으로부터, 그리고 자신이 속한 세계로부터 소외되어 왔다. 그럼에도 그는 여전히 사람이다. 그는 하나님께서 창조하신 이 세계와 연결을 완전히 끊을 수 없다. 사람은 여전히 존재의 중심이며 이런 점에서 사람은 자기 자신과 다시 연합의 가능성을 열어두고 있으며, 여전히 이 세계에 참여하고 있다. 다시 말해서 연합하는 사랑과 비존재에 저항하는 힘과 창조적인 정의는 여전히 사람 안에 살아 숨쉬고 있다. 삶이란 완전하게 좋은 점만 가지고 있는 것은 아니다. 그리고 삶은 저절로 되는 것이 아니라 단지 가능성으로 존재하는 것이다. 또한 삶에는 완전히 악한 면만 있는 것도 아니다.

비존재는 언제든지 존재를 정복할 수 있다. 그리고 삶은 그 표현 방식에 있어서는 언제나 모호하다. 이것은 또한 사랑과 힘과 정의와 관련해서도 상당히 모호하다. 이러한 점에 대해서 우리는 이미 상당 부분을 살펴보았다. 이제 우리는 삶에 대해서 비록 소외된 세계 속에 있지만, 그 너머의 새로운 창조의 빛에 대해 생각해 보아야 한다. 나는 이것을 '거룩한 공동체로의 부름'이라고 말하겠다.

한마디로 표현하면, 거룩한 공동체 안에서 아가페 사랑은 '리비도 사랑'과 '에로스 사랑'과 '필리아 사랑' 안으로 녹아 들어가 그들의 자아-중심성 때문에 발생하는 모든 모호함을 극복할 수 있게 해준다. 거룩한 공동체 안에서 영적인 힘은 모든 억압을 굴복시키고 여러 힘의 역동성에서 발생하는 많은 모호함을 뛰어넘을 수 있게 한다. 거룩한 공동체 안에서 은혜로 의롭게 되었다는 사실(칭의)은 추상적이면서도 계산적인 성질을 가지고 있는 정의의 모호함을 극복할 수 있게 한다. 이것은 거룩한 공동체 안에서 사랑과 힘과 정의의 존재론적인 구조를 확인할 수 있으며, 또한 그들의 소외되고 불명료한 현실이 신적인 삶 안에서의 연합을 통해서 확실한 것으로 변형된다는 사실을 의미한다.

자! 이제 우선 거룩한 공동체 안에서 아가페 사랑이 어떤 일을 하는지 그리고 이 사랑의 모호함은 어떤 것인지를 생각해 보자. 리비도 그것 자체는 좋은 것이다. 우리는 리비도가 계속되는 불만족과 죽음의 본성을 가지고 있는 무한한 본능적 충동이라는 프로이드의 부적절한 평가에 대해 반대 의견을 밝혔다. 우리는 소외 상태에 대한 설명이라는 것에는 동의하지만, 창조적인 의미가 전혀 없다는 것에는 반대하였다. 삶에서 리비도가 없다면 우리는 결코 그것을 뛰어넘는 어떤 것도 생각할 수 없다. 성서와 현대심리학은 이 점에 대해서 잘 알고 있다.

그리고 우리는 인간 본성에 대해서 조금 더 깊게 생각할 수 있는 새로운 인식이 인간에게 이상주의적이고 도덕주의적인 자기-속임의 여러 단계가 있다는 성서적인 사실주의를 재발견 해주었다는 사실에 대해 깊이 감사해야 한다. 성서적인 사실주의는 인간이 처음 창조되었을 때에 리비도는 좋은 상태였지만, 인간이 소외되기 시작하면서 왜곡되고 모호해졌다는 점을 알고 있다. 리비도는 통제할 수 없는 것이 되어서 사람들을 즐거움의 원리라는 폭군에게 끌려가도록 만들었다. 이것은 다른 사람을 재결합의 대상으로 생각하는 것이 아니라, 즐거움을 얻기 위한 도구로 생각하게 만들었다. 마치 관습법을 어겼다고 해서 그 법을 지키지 않는 것이 악한 행동이라고 말할 수 없는 것처럼, 성적인 욕망 자체가 악은 아니다.

그러나 다른 사람의 중심을 침해하는 성적인 욕망과 성적인 자율성은 악이다. 다시 말해서 이것이 다른 두 종류의 사랑들—필리아와 에로스—과 결합되지 않는다면, 그리고 이것이 사랑의 궁극적인 형태인 아가페 사랑 아래에 있지 않다면, 이것은 악이 되고 만다. 아가페는 다른 사람들의 중심을 소중하게 여긴다. 그리고 아가페는 하나님께서 하시는 것처럼 다른 사람의 중심을 보게 만든다. 아가페는 리비도를 사랑과 힘과 정의의 신적인 연합 속으로 들어오게 해주는 것이다.

에로스에 대한 진실도 이와 똑같다. 플라톤이 주장한 것과 마찬가지로, 에로스란 문화적인 창조성과 신비주의의 추진력이라고 정의할 수 있다. 이런 점에서 에로스는 신적인 힘과 인간적인 힘의 위대함을 동시에 모두 가지고 있다고 할 수 있다. 이것에는 창조와 피조 세계의 모든 선한 것이 함께 참여하고 있다. 하지만 이것은 또한 모호한 인간의 삶에도 참여하고 있다. 이러한 모호함은 에로스 사랑이 리비도의 사랑과 혼동되면서 발견된다. 예를 들어 신약성서에서 에로스는 본래의 의미를 상실하고 주로 성적인 의미만을 가지고 있는 것으로 묘사되고 있다. 한편 신비주의적인 의미의 에로스 사랑은 성적인 의미의 상징성을 뛰어넘어 신과의 금욕주의적인 사랑으로 이끌게 된다.

그러나 에로스의 이와 같은 측면을 이야기할 때 우리는 더 심각한 모호성을 발견하게 된다. 이렇게 에로스를 모호하게 만드는 것은 마치 우리가 문화와의 관계를 형성할 때 생기는 미적인 거리와 비슷한 것이다. 특히 이러한 관점에 대해서는 키에르케고르가 잘 설명하고 있다. 그에 따르면 인간의 영적인 성장 과정에서 심미적인 단계는 단순한 단계라기보다는 위험에 노출되어 있는 보편적인 사랑의 단계이기 때문이다.

문화적인 에로스의 모호성은 그것이 표현하고 있는 현실로부터 거리를 두어서 결국 그 존재론적인 참여와 궁극적인 책임을 상실하게 되는 것을 말한다. 에로스의 날개들은 탈출의 날개들이 되며, 문화는 책임감을 상실한 채 탐닉하게 만든다. 이것은 당연히 요구되는 정의의 측면을 애써 눈감아 버린다. 이 순간 아가페는 단순한 심미적인 에로스로 전락한다. 이것이 선과 진리와 그것의 신적인 원천에 대한 갈구를 부인하지는 않지만, 그것은 궁극적인 심각성만 생각하는 것보다는 미적인 즐거움을 향유하는 것을 방해한다. 아가페 사랑은 문화적인 에로스를 책임감 있게 만들수 있으며, 동시에 신비적인 에로스를 개인적인 차원의 것으로 만들 수도 있다.

필리아 사랑의 모호함에 대해서 우리는 이미 동등한 개인과 개인의 사랑에 대한 첫 번째 설명에서 살펴 보았다. 조금 더 넓은 측면에서 보면 그룹 간의 관계가 동등하게 성립될 수 있을지 모른다. 하지만 필리아 사랑은 선택적인 사랑에 기초하고 있다. 몇 사람만 선택되고 다수는 그렇지 못한다. 이런 현상은 가족이나 친구들처럼 친밀한 그룹 내에서도 발견될 뿐 아니라, 수많은 형태의 공통 관심을 가지고 있는 사람과 사람들 간의 모임에서도 발견된다. 암묵적인 것이든 드러난 것이든 이런 선택적인 관계로 인해서 받아들여지지 못한 사람들을 거절하는 것은 부정적인 억압이며, 동시에 어떤 종류의 억압보다 잔인한 것이 될 수 있다. 그러나 타인에 대한 이와 같은 거절은 비극적이지만 피할 수 없는 일이다. 그 어떤 누구도 이와 같은 일이 필연적으로 벌어지는 현실을 벗어날 수는 없다. 필리아 사랑은 분명히 특별한 형태를 지니고 있다.

이것은 심리분석가 에리히 프롬이 '공생 관계'라고 부르면서 비극적인 필연성에 대해서 조금 더 확실하게 설명한 것과 연결된다. 필리아 관계에서 한쪽 편의 사람이 가학적인 편향이나 피학적인 편향 혹은 두 편향을 모두 가지고 사람을 대한다면, 겉으로 보기에 그것은 가장 고상한 우정처럼 보이지만, 실제로는 정의를 포기한 강압일 뿐이다. 다시 말하면 아가페 사랑은 결코 필리아 사랑이 지니고 있는 선택적인 경향이 없어져야 될 것이라고 여기지 않는다. 그러나 아가페 사랑은 필리아 사랑이 가지고 있는 다른 사람을 소유하려는 욕망을 정화시켜서, 선택적인 사랑을 보편적인 사랑으로 승화시킨다. 우정이 지니고 있는 편애하는 경향은 없어질 수 없는 것이고 또한 그것은 마치 귀족주의적인 자기-분리의 과정처럼, 모든 사람들을 제외시키고 있는 것도 아니다.

모든 사람이 친구가 될 수는 없지만 모든 사람들을 사람으로 인정되어야 한다. 아가페는 동등한 사람과 그렇지 못한 사람 간의 차별, 동질감을 느끼는 사람과 혐오스러운 사람 간의 경계, 우정과 무관심, 편애와 혐오 등의 여러 관계에서 존재하는 모든 분리를 깨뜨린다. 즉 이것은 사랑하기 위해서는 동질감을 극복하고, 필리아 사랑의 방식에서 거절당한 사람들을 사랑하는 것이다. 아가페 사랑은 모든 사람들 안에 있으며 동시에 모든 사람의 사랑을 통해서 실현되는 것이다.

아가페 사랑이 사랑의 모호성에 대한 반응과 마찬가지로, 영적인 힘도 자연의 힘의 모호함에 대해서 작용한다. 힘이 모호하게 되는 이유는 힘의 역동성과 강압성에 그 뿌리를 두고 있기 때문이다. 영적인 힘이 여타의 힘들을 제거해 버림으로 이와 같은 모호함을 정복할 수 있는 것은 아니다. 왜냐하면 힘이 제거되면 존재도 사라지기 때문인데, 이것은 마치 무죄를 증명하기 위해서 자신의 목숨을 끊는 것과 비슷한 것이다.

그러므로 영적인 힘은 힘의 역동성을 부인하지 않는다. 영적인 힘이 작용한 많은 이야기를 보면, 이것의 물리적인 영향으로 마치 엘리베이터를 타는 것처럼 충격이나 공포의 장소에서 다른 곳으로 옮겨지는 경우도 있다. 이러한 경우에는 항상 그 심리적인 영향을 볼 수 있다. 영은 힘이기 때문에 궁극적인 영역을 붙들기도 하고 때로는 이것으로부터 벗어나기도 한다.

이 생각이나 영역이 모두 똑같은 것은 아니다. 이것은 매우 역동적으로 저항을 이겨낸다. 그렇다면 이것이 다른 힘과의 차이는 무엇인가? 영적인 힘은 육체적이거나 심리학적인 강압을 사용하지 않는다. 이것은 사람의 전인격, 즉 비록 제한적이기는 하지만 자유를 사용하며 일을 한다. 이것은 자유를 마음대로 조정하는 것이 아니라, 강압적인 상황으로 제한되어 있는 현실적인 자유를 진정으로 자유롭게 만든다. 영적인 힘은 전인격에 중심을 형성하게 해준다. 이것은 인간의 인격에 초월적인 중심을 제공하는 것으로, 그 어떤 제한을 벗어나서 독립적인 인격이 되게 해주는 것이다. 그리고 이것은 궁극적으로 한 인격이 자기 자신과 결합할 수 있는 유일한 길이다. 이 일이 발생하면 사람은 자신의 자연적 혹은 사회적 힘을 초월할 수 있게 되는 것이다. 사람은 이것들을 유지할 능력을 갖게 되고, 이것들의 일부, 혹은 전체를 벗어날 능력도 갖추게 된다. 영적인 힘은 이런 것들을 통해서 활동하기도 하고, 또한 굴복시킴으로 그 역할을 감당하기도 한다. 사람은 말과 사상으로 영적인 힘을 경험하며, 그의 모습과 행동으로 경험한다. 그리고 다른 힘들을 굴복시킴으로 경험하며, 또는 자신을 희생하면서 경험하기도 한다. 이런 모든 경우를 통해서 사람은 잘 드러나지는 않지만 존재의 수준을 결정하고 있는 인간 삶의 현실을 변화시킬 수 있다. 이것이 바로 힘의 모호함을 극복하고 그 위에 세워진 거룩한 공동체의 힘이다.

나는 정의와 은혜의 관계에 대해서 많은 이야기를 할 필요는 없다고 생각한다. 용서의 행동은 개인과 개인의 관계 속에서 형성되는 것이다. 상호 용서는 창조적인 정의의 완성이다. 그러나 상호 용서는 단지 이것이 은혜의 칭의 가운데 재결합하는 사랑에 기초를 둘 때 형성되는 정의라고 할 수 있다. 오직 하나님만이 용서하실 수 있다. 왜냐하면 하나님 안에서 정의와 사랑은 완전하게 결합될 수 있기 때문이다. 용서의 윤리란 바로 이와 같은 신적인 사랑의 메시지에 그 뿌리를 두고 있다. 그렇지 않으면 이것은 다시 정의의 모호성으로 빠져들어서 법치주의와 감상주의 사이를 왔다갔다 하기에, 거룩한 공동체 안에서 이러한 모호성은 극복된다.

아가페는 사랑의 모호성을, 그리고 영적인 힘은 힘의 모호성을,

그리고 은혜는 정의의 모호성을 극복한다. 이것은 사람이 다른 사람과 만날 때뿐 아니라, 자신과 만날 때에도 언제나 똑같이 성립되는 것이다. 사람은 자신이 받아들여졌다는 생각, 즉 자아-수용의 경험을 통해서 자신을 사랑할 수 있게 된다. 그렇지 않으면 자기-수용은 단순한 자기 만족이나 독단에 불과한 것이다. 오직 '위로부터 내려오는' 사랑의 빛 안에서 자신을 사랑할 수 있게 된다. 그리고 이것은 자기 자신에게 던지는 정의에 관한 질문에 대해서도 좋은 답이 될 수 있다. 사람은 칭의의 원리를 통한 유죄선고와 용서와 심판을 통해서 이루어지는 궁극적인 정의가 그에게서 이루어질 때에만, 자기 자신을 공정하게 대할 수 있다.

칭의를 통한 죄의 선고만이 자기-만족을 불가능하게 만들 수 있고, 용서만이 자기-비난과 절망에 빠지는 것을 구할 수 있으며, 심판은 우리 자아의 여러 요소들이 결합되게 할 수 있는 영적인 중심을 제공하고 자신을 넘어서는 힘을 가질 수 있게 해준다.

자아를 향한 정의와 힘과 사랑은 우리를 초월하셔서 우리를 확인해 주시는 분으로부터 받은 정의와 힘과 사랑에 그 뿌리를 두고 있다. 우리가 자아와 어떤 관계를 맺고 있는가는 하나님과 어떤 관계를 맺으면서 살고 있는가를 보면 알 수 있다.

끝으로 우리가 다루어야 할 질문은 사회 그룹들간의 관계에 대한 것이다. 이것은 과연 인류가 사랑과 힘과 정의를 바탕으로 다시 재결합할 수 있을까 하는 점이다. 정치적인 측면에서는 그 해답을 찾을 길이 전혀 없다. 그렇다면 과연 궁극적인 것과의 관계에서는 찾을 수 있는 것일까?

근대 이후부터 최근까지 논의되고 있는 신학적인 과제인 평화주의에서 그 해답을 찾을 수 있다. 이것에 대한 고려 없이, 지금까지 기독교는 종교가 승인해 온 전쟁들의 끔찍한 심각성에 대해 애써 외면해 왔다. 한편 평화주의는 일반적으로 전쟁에 대한 인간 존재성에 대해 묻는 과정 속에서 조금 더 광범위한 문제로 여겨졌다. 하지만 이 문제에 대해서는 다른 측면에서 심각한 문제들을 제기할 수 있다. 예를 들어서 힘을 가진 그룹들 간의 무장 충돌에 대한 것으로, 거기에는 항상 잠재적으로 질서 유지라는 명목 아래 경찰력과 무력을 사용할 가능성이 도사리고 있다. 때로 이런 상황은 혁명전쟁(revolutionary wars)으로 발전되기도 한다. 이것이 성공하면 그것은 '영광스러운 혁명'으로 불리게 된다. 우리가 인류의 일치에 대해서 생각할 때, 일치를 위해서 우리는 민족 간의 전쟁뿐만 아니라, 혁명전쟁도 제외시켜야 하는 것인가? 만일 그렇다면, 혹시 이것은 삶의 역동성이 사라지고 더 나아가서 삶 자체가 그 토대를 잃게 되는 결과를 가져오는 것은 아닌가?

우리는 인간의 경제적 삶의 역동성에 대해서도 똑같은 질문을 할 수 있다. 심지어 중세와 같은 정적인 사회에서도, 경제적인 역동성이 매우 중요했으며, 이것의 역사적인 결과물들도 상당했다. 우리가 반드시 기억해야 할 것은 많은 경우 파괴와 고통은 군사적인 충돌보다 경제적인 이해 관계에 의해 발생했다는 점이다. 이러한 경제적인 역동성은 사라지고 생산과 소비가 계획적으로 실행되는 사회가 만들어져야만 하는가? 만일 그렇다면 모든 기술적인 진보는 멈추어야 하며, 모든 영역에서의 삶은 매일 똑같은 것이 반복되는 사회가 조직되어야 한다. 그리고 모든 소란도 없어져야만 한다. 이렇게 된다면 위에서 언급한 것과 같이 삶의 역동성은 사라지게 되고, 따라서 삶 자체도 끝나게 될 것이다.

이런 것이 가능한 순간을 상상해 보라. 절대적인 중앙 권력 아래에서 모든 힘과 힘의 만남은 제재를 당하게 될 것이다. 위험한 것은 아무것도 없으며, 모든 것은 결정된 대로 움직이게 될 것이다. 존재는 살아가면서 더 이상 자신을 초월하기 위한 노력을 기울이지 않아도 될 것이다. 창조성은 흔적을 감추게 될 것이며, 인간의 역사는 끝이 나고 역사 이후(post-history) 시대가 시작될 것이다.

인류는 미래를 향한 전진이 없고, 불만족 없이 축복받은 동물 군집처럼 될 것이다. 역사 속에서 경험한 공포와 고통은 인류의 시간 속에 가장 어두웠던 시대로 기억될 것이다. 이렇게 되고 나면 이 가운데서 어떤 사람들은 과거 자신들이 경험한 여러 사건들, 즉 그들의 고통과 그 가운데 이루어낸 위대함들을 동경하게 되고, 그래서 결국 이들은 후손들에게 새로운 역사를 시작하도록 힘을 쓰게 될지도 모른다.

이러한 모습에서 우리는 힘의 역동성이나 역사와 삶에서 비극이 없는 세상이 하나님의 나라이거나 혹은 역사의 완성이라고 말할 수 없다는 것을 깨닫게 된다. 완성이란 영원성에 관한 것으로 그 어떤 상상으로도 영원성에 대해서 생각할 수 있는 길은 없다. 하지만 단편적인 예측은 가능하다. 교회 그 자체야말로 이러한 단편적인 예상의 하나가 될 수 있다. 그리고 우리가 비록 정확하게 교회라고 명명할 수는 없지만, '잠재적인 의미의 교회'라고 명명할 수 있는 그룹이나 운동들도 있다. 하지만 보이는 교회든, 잠재적인 교회든 그 어떤 것도 하나님의 나라는 아니다.

이 책에서 제기한 많은 문제들이 여기에서 충분히 다루어지지 못했고, 어떤 문제들은 전혀 다루지 못했다. 그리고 몇몇은 아주 피상적으로 다루어졌으며, 몇 가지 언급은 부적절하였다. 하지만 나는 그동안 우리가 해온 작업이 한 가지 면에서만큼은 확실한 문제를 다루었다고 생각한다. 이것은 바로 '사랑과 힘과 정의'의 문제는 절대적으로 존재론적인 기초와 신학적인 관점에서 다루어져야 한다는 것이다. 이것이 인류가 지금까지 이 문제를 다루면서 취했던 이상주의나 냉소주의적인 태도로 대충 비켜 가려고 했던 경향을 극복할 수 있는 길이기 때문이다. 만일 사람들이 자신의 존재와 존재 자체이신 하나님의 빛으로 사랑과 힘과 정의의 문제를 바라보지 않는다면, 우리는 이러한 거대한 문제를 해결할 수 없을 것이다.

폴 틸리히 Paul Tillich, Paul Johannes Tillich, 1986-1965

틸리히는 독일에서 태어나 신학을 연구하고 교수로 재임하다가 나치 치하를 견디지 못하고 미국으로 망명한 신학자입니다. 20세기에 가장 위내한 신학자 혹은 종교철학자로 알려져 있습니다. 미국에서는 유니온신학교, 시카고대학교, 하버드대학교 등에서 학생들을 가르쳤으며 《조직신학》(전 3권), 《문화의 신학》, 《존재의 용기》 등의 다양한 저술은 그가 떠나고 없는 지금도 독자들의 많은 사랑을 받고 있습니다.

옮긴이 성 신 형

숭실대학교 베어드학부대학 조교수

옮긴이는 미국 에반스톤의 게렛신학교에서 기독교윤리학으로 학위를 마쳤습니다. 현재는 숭실대학교에서 "현대인과 성서" 교양과목을 가르치면서, 현대인들에게 기독교의 의미가 무엇인지를 묻고 대답하는 일에 열중하고 있습니다. 과연 기독교인으로 살아간다는 것은 어떤 의미인지에 대해서 현대신학과 철학으로 그 대답을 찾으려고 노력하면서, 또한 레비나스, 틸리히, 한국기독교윤리 등에 관심을 가지고 연구하고 있습니다.

현재 한국기독교사회윤리학에서 발간하는 《기독교 사회윤리》 편집이사로 활동하며, 관련된 논문들을 여러 학술지에 발표하고 있습니다. 최근에는 《틸리히와 레비나스》를 탈고하여 한들출판사에서 출간될 예정입니다.

사랑, 힘, 그리고 정의
지은이   폴 틸리히
옮긴이   성신형
펴낸이   정덕주 정영찬
         2017년 8월 1일 초판 1쇄 발행
         2019년 8월 15일 초판 2쇄 발행

펴낸곳   한들출판사
         서울시 종로구 대학로 19, 1012호(기독교회관)
         등록 제2-1470호 1992.
         시소북스
         경기도 부천시 원미구 부일로 639 가-403
         등록 제 387-2011-000045호 2014.
ISBN   978-89-8349-713-0 93230

• 이 책은 한들출판사와 시소북스가 공동 작업하여 출간하였습니다.

이 도서의 국립중앙도서관 출판예정도서목록(CIP)은 서지정보유통지원시스템 홈페이지
(http://seoji.nl.go.kr)와 국가자료공동목록시스템(http://www.nl.go.kr/kolisnet)에서
이용하실 수 있습니다. (CIP제어번호 : CIP2017011212)